"十三五"国家重点出版物出版规划项目

农地制度改革与流转研究丛书

全国文化名家暨"四个一批"人才项目
贵州大学创新团队项目（GDT2017001）
南京财经大学青年学者支持计划（Q-LXW17001）

丛书主编 洪名勇

非农就业、农地流转与农户农业生产变化研究

钱 龙 ○ 等著

中国财经出版传媒集团
中国财政经济出版社

图书在版编目（CIP）数据

非农就业、农地流转与农户农业生产变化研究/钱龙著. —北京：中国财政经济出版社，2017.7

（农地制度改革与流转研究）

ISBN 978-7-5095-7454-6

Ⅰ.①非… Ⅱ.①钱… Ⅲ.①农村劳动力-劳动就业-研究-中国 ②农业用地-土地流转-研究-中国 ③农户-农业生产-研究-中国 Ⅳ.①F323.6 ②F321.1 ③F325.2

中国版本图书馆 CIP 数据核字（2017）第 101157 号

责任编辑：马　真　　　　　　　　责任校对：张　凡
封面设计：孙俪铭

中国财政经济出版社 出版

URL：http://www.cfeph.cn
E-mail：cfeph@cfeph.cn

（版权所有　翻印必究）

社址：北京市海淀区阜成路甲28号　邮政编码：100142
营销中心电话：88190406　北京财经书店电话：64033436　84041336
北京财经印刷厂印刷　各地新华书店经销
710×1000 毫米　16 开　10.75 印张　220 000 字
2017 年 11 月第 1 版　2017 年 11 月北京第 1 次印刷
定价：58.00 元
ISBN 978-7-5095-7454-6
（图书出现印装问题，本社负责调换）
本社质量投诉电话：010-88190744
打击盗版举报热线：010-88190414　QQ：447268889

序

　　土地是财富之母、发展之基、民生之本，关系国计民生。土地问题不仅是关系我国现代化进程中的重大经济问题，而且是一个社会问题、政治问题，关系到国家的兴衰成败。对于农业发展、农村发展、农民增收而言，土地不仅是财富的重要源泉，而且还为人们提供了生活、生产及行为活动的空间。从财富生产的视角来看，土地要素发挥作用的大小，不仅取决于土地禀赋的具体情况，而且还取决于土地要素与其他生产要素的配置效果与配置效率。而这种配置效果、配置效率的高低与资源配置效率的土地制度安排密切相关，因为不同的土地制度安排将激励有关行为主体与土地配置的要素的投入，不同要素的投入将影响土地资源的产出结果与效率。正因为如此，对于农业发展、农村发展、农民增收来讲，土地制度是最为根本的制度安排。而就中国土地制度对发展的影响而言，不同土地制度安排的绩效是不一样的。

　　中华人民共和国成立之初，由于封建土地制度的废除和农民土地产权制度的建立，让农民将自己的资源及劳动力时间配置到生产活动之中，短期内使单位土地资源的产出大幅度增加，实现了中国农业快速增长。农用土地入股自愿、退社自由的制度安排，不仅给农民充分的资源配置权，而且农民还拥有"用手投票"权和"用脚投票"权，这将给合作社经营主体足够的经营压力，使其在竞争中将更多的时间、精力投入经营之中。结果，土地合作社超越了土地农民产权制度安排，推进了中国农业持续发展。在人民公社土地产权制度安排下，农民被强制捆绑在人民公社之内，不仅失去了"用手投票"的权利和"用脚投票"的退出机会，而且还失去了劳动时间的配置权利。这样，人民公社的负责人的前途与经营无关，公社负责人完全没有经营、管理好公社的动力和压力。在人民公社土地产权制度安排下，中国农业生产停滞不前，不少地区农村面临生存危机。为了使生活于村庄之内的村民能够生存，安徽凤阳县小岗村的农民才会在知道自己面临非常严重的政治惩罚时，小岗村18位农民仍然以"托孤"的方式，冒险在土地承包责任书按下鲜红手印，实行包产到户。正是这一"包"推进农地产权制度创新，不仅赋予农民耕地要素、劳动时间、品种选择等进行灵活配置的权利以及对生产过程的控制权，而且还赋予农民生产剩余的财产索取权。这一制度安排激发了农民的生产积极性，提高了土地资源配置的效率，而且解决了中国农民的吃饭问题，促进了农业生产发展和农村经济繁荣。

对于学习和研究经济学的人来讲，我们都知道，在一定条件下，土地、资本和劳动力投入都会呈现出边际报酬递增递减规律。与土地要素投入一样，如果其他条件不变，某一制度安排也有边际报酬递增递减规律。不可否认，以土地产权制度为核心的承包制，对解决农民吃饭问题、减少贫困及促进农业农村发展，起了巨大作用。随着市场环境的变化及人们认知心理及观念等的变化，农地家庭承包制的边际报酬也由递增走向边际报酬递减。因此，从20世纪80年代中期开始，国家选择贵州湄潭、江苏苏南、广东南海、北京顺义等地进行农地制度改革试点。在这些地区进行的农地制度改革试验取得了丰硕成果，不少成功经验已经得到国家认可并在全国推广。我们知道，中国制度改革走了一条渐进之路，农地制度改革也一样。针对农地制度运行中存在的具体问题，走了一条渐进改革之路。近年来，在农地"三权分置"这一政策之下，结合本区域的实际情况，各地区在推进农地流转方面做了非常大的工作。农地流转一方面促进农地由"资源"向"资产"、农村闲置"资金"向"资本"、农户身份由"农民"向"股民"的变化，推进农地制度安排的创新；另一方面，在农地制度改革与创新过程中出现一些新情况、新问题，需要学术界进行总结和研究。例如，农地流转空间规律性、农地"三权分置"的路径、农地流转与非就业的内在逻辑、农地流转与农民增收、农地抵押贷款、城乡土地制度分割带来的危害、农地流转过程对农民权益损害，等等。这些问题迫切需要我们进行理性反思与探讨。更何况自2013年以来，中央"1号文件"均用相当的篇幅对农地制度改革与流转进行了阐述，习近平总书记在党的十九大报告中明确指出："深化农村土地制度改革，完善承包地'三权'分置制度。保持土地承包关系稳定并长久不变，第二轮土地承包到期后再延长三十年"。可见，党和国家高度重视农地制度改革与创新。因此，对农地制度改革与流转问题进行深入、全面、系统研究是我们义不容辞的责任，正是基于这一认知，瞄准农地制度改革与流转中存在的重大实现与理论问题，我们组织有关学者、专家对此进行深入研究，形成了系列成果。这些成果以"农地制度改革与流转"丛书形式，由中国财政经济出版社出版出版发行，意义重大。本套丛书的出版不仅得到各位专家、学者的支持，而且还得到中国财政经济出版社的鼎力相助，没有他们的努力，丛书是不可能入选"十三五"国家重点图书出版规划的。在此，对他们的支持和努力表示最诚挚的感谢。

丛书主编　洪名勇
2017 年 11 月 7 日

前　言

转型时期，越来越多的农村劳动力进入城市非农产业务工，农户家庭劳动力资源进行了再配置。这种变化在深刻影响城市的同时，也对农业生产产生了深刻影响。本书主要聚焦于非农就业对农户农业生产投入和产出的影响。当前，关于非农就业如何影响农业生产中要素投入和产出效率，通过怎样的影响机制来发挥作用，仍然存在广泛争议。

与此同时，劳动力资源配置会带来土地资源配置的再变化，当农户家庭普遍非农兼业时，农户很可能会通过农地流转市场来重新配置土地资源，这也可能会影响到农业生产。从已有的文献来看，少有研究涉及农地流转会如何影响农业生产。

特别是面对转型时期快速变化的形势，已有的研究已经无法回答：转型时期非农就业、农地流转和农业生产三者之间有怎样的联系。基于上述判断，本书利用北京大学CFPS2012全国基线调查数据，基于新移民经济学理论（NELM），从农户家庭层面实证分析了非农就业、农地流转和农业生产三者之间的关系。

本书的主要研究内容和相关结论包括下述四个方面。

研究内容一：非农就业对农地流转的影响研究。这一主题主要对新时期非农就业与农地流转的相互关系进行了考察，且考虑了新时期农业机械化、农业劳动力老年化和女性化的影响。研究结果表明：（1）当地流转市场较为活跃，农户家庭非农就业能够显著促进土地转出，但非农就业对土地转入并未产生负面影响。（2）农业机械能够减缓劳动力损失效应，降低农户土地转出倾向和增加农户土地转入需求，农业机械的广泛使用是非农就业不对农地转入产生负面影响的关键所在。(3) 老年化已经显现出对农地转入的消极影响，可能会引致土地流转需求不足，而女性化在整体上没有显著影响。

研究内容二：非农就业、农地流转与农业生产投资变化。研究结果表明：(1) 非农就业显著负向影响农户对农业流动性生产资本的投入，但非农就业对农业机械投入的影响不显著。(2) 使用替代变量回归模型和工具变量模型进行的稳健性分析表明，非农就业依然显著地负向影响农户流动性生产投资，且非农就业依旧不影响农户农业机械投资。(3) 对农地流转的中介效应进行验证性分析时发现，农地转出不是农户流动性生产投资的中介变量，但却是农业机械投资的完全中介变量。与此同时，也没有发现农地转入是非农就业影响流动性生产投资和农业机械投资的中介变量。

研究内容三：非农就业、农地流转与留守人员劳动供给变化。本部分发现：(1) 非农就业对留守人员的劳动供给有着显著的负向影响，随着家庭非农就业率的提升，留守农户的农业劳动参与率和农业劳动时间均随之下降。(2) 为克服内生性问题，运用村庄层面社会网络和家庭层面社会网络等多个工具变量进行稳健性回归，依然证实非农就业显著负向影响留守人员的农业劳动供给。使用 PSM 模型克服样本选择性偏差问题后，依然证实非农就业显著地负向影响留守农户农业劳动参与率和劳动供给时间。(3) 中介效应分析表明，非农就业不仅通过"财富效应"和"替代效应"来直接影响留守人员的农业劳动供给，而且也会通过农地转出这一中介变量来间接影响劳动供给，转出土地会减少留守人员劳动供给，但农地转入不是影响留守人员农业劳动供给的中介变量。

研究内容四：非农就业、农地流转与农业生产效率变化。应用联立方程模型进行分析，本部分得出以下三个结论：(1) 非农就业对农业劳动生产率和土地产出率有显著负向影响。(2) 是否转入土地对劳动生产率没有显著影响，但会显著正向提升土地产出率；(3) 是否进行土地转出则对劳动生产率和土地产出率始终没有显著影响。

除了数据来源较新，样本量较大这一优点以外，相较以往的研究，本书的创新之处体现在以下三点。首先，也是最为重要的，本书联合考虑了非农就业和农地流转对农业生产的影响，拓展并验证了非农就业是否会通过农地流转这一中介来影响农业生产要素投入和劳动力投入。其次，在研究方法上，除基本计量模型外，本书综合运用替代变量法、工具变量法、PSM模型、联立方程模型等方法，对内生性问题进行了重点讨论，得出了较为可靠的结论。第三，研究结论较新。相对既往研究，本书发现了一些新的现象，为转型时期加深理解非农就业、农地流转和农业生产之间的相互联系提供了新的证据。

最后，基于上述结论和发现，本书提出了针对性的政策建议。

钱龙

2017年4月

目　录

第1章　绪论 …………………………………………………………（ 1 ）
　1.1　研究背景 ………………………………………………………（ 1 ）
　1.2　研究目的与意义 ………………………………………………（ 4 ）
　1.3　技术路线与研究方法 …………………………………………（ 6 ）
　1.4　数据来源与介绍 ………………………………………………（ 8 ）
　1.5　内容结构安排 …………………………………………………（ 10 ）
　1.6　可能的创新与不足 ……………………………………………（ 11 ）

第2章　概念界定与理论基础 ………………………………………（ 13 ）
　2.1　核心概念界定 …………………………………………………（ 13 ）
　2.2　农户经济行为理论 ……………………………………………（ 15 ）
　2.3　非农就业相关理论 ……………………………………………（ 19 ）
　2.4　农地与农地流转相关理论 ……………………………………（ 23 ）
　2.5　相关文献评述 …………………………………………………（ 28 ）
　2.6　本章小结 ………………………………………………………（ 32 ）

第3章　非农就业对农地流转的影响研究 …………………………（ 33 ）
　3.1　引言 ……………………………………………………………（ 33 ）
　3.2　理论分析框架 …………………………………………………（ 36 ）
　3.3　变量设置与模型选择 …………………………………………（ 39 ）
　3.4　基本结果 ………………………………………………………（ 42 ）
　3.5　稳健性检验 ……………………………………………………（ 45 ）
　3.6　本章小结 ………………………………………………………（ 51 ）

第4章　非农就业、农地流转与农业生产性投资变化 ……………（ 52 ）
　4.1　引言及文献综述 ………………………………………………（ 52 ）
　4.2　机理分析 ………………………………………………………（ 54 ）

  4.3 变量设置 …………………………………………………（ 59 ）
  4.4 农业生产投资基本分析 …………………………………（ 61 ）
  4.5 非农就业对农业生产投资影响的稳健性检验 …………（ 68 ）
  4.6 农地流转的中介效应分析 ………………………………（ 71 ）
  4.7 本章小结 …………………………………………………（ 75 ）

第 5 章 非农就业、农地流转与留守人员农业劳动供给变化 ……（ 76 ）
  5.1 引言及文献综述 …………………………………………（ 76 ）
  5.2 理论与机理分析 …………………………………………（ 79 ）
  5.3 数据来源与变量设置 ……………………………………（ 81 ）
  5.4 计量结果与分析 …………………………………………（ 86 ）
  5.5 稳健性检验 ………………………………………………（ 97 ）
  5.6 农地流转的中介效应 ……………………………………（103）
  5.7 本章小结 …………………………………………………（105）

第 6 章 非农就业、农地流转与农业生产效率变化 ………………（107）
  6.1 问题的提出 ………………………………………………（107）
  6.2 文献回顾与评述 …………………………………………（108）
  6.3 理论与机理分析 …………………………………………（111）
  6.4 变量与模型 ………………………………………………（116）
  6.5 计量结果与分析 …………………………………………（119）
  6.6 联立方程模型 ……………………………………………（126）
  6.7 本章小结 …………………………………………………（129）

第 7 章 结论与政策启示 …………………………………………………（130）
  7.1 研究结论 …………………………………………………（130）
  7.2 政策启示 …………………………………………………（134）

参考文献 ………………………………………………………………………（138）

后记 ……………………………………………………………………………（163）

第1章 绪　　论

1.1 研究背景

"城市，让生活更美好"，并不只是一句宣传用语，在更深层次，它表明城镇化是人类的美好愿望。世界历史的经验表明，随着经济社会的发展，人类文明终将以城镇文明为主，人类的生活会以市民化为主。无论城镇化会带来怎样不如意的影响，无论我们怎么留恋乡村生活的美好，走向城镇化已经成为人类文明的宿命。世界主要发达国家已经实现了这一过程，大多数人口都脱离了农业，只有少数人在农业领域，目前，这些国家的城镇化率普遍高于80%。欠发达国家也在这条道路上或快或慢地推进着。目前，世界平均城镇化水平已经达到了55%。

改革开放以来，我国的经济建设举世瞩目。截至2015年底，我国的GDP总量已经超过10万亿美元，占世界比例达到19.78%。但是长期以来，囿于经济发展模式和城乡二元体制的约束（尤其是户口和土地），我国的城镇化水平较为滞后，不仅大大低于发达国家，而且长期低于世界平均水平。2011年，我国城镇化率才首次突破50%。当前，我国的城镇化呈现城镇化率低于工业化率，户籍人口城镇化率低于常住人口城镇化率两大特征。近年来，随着国家对新型城镇化战略的高度重视，我国的城镇化建设驶入"快车道"。2010~2015年，我国城镇化水平年均增长率超过1%。据国家统计局公布的资料显示，截至2015年底，我国城镇人口总量达到77116万人，城镇化水平已经达到56.1%。

然而，还需要清醒地认识到，我国的城镇化水平是低质量水平的城镇化，是不彻底的城镇化。虽然统计意义上的城镇化已经超过55%，但是户籍人口城镇化率只达到了39%。之所以出现这么大的差距，是由于常住人口城镇化将2.77亿长期生活和工作在城市的农民工及其家属统计在内，但这一庞大的群体，却因为二元体制的藩篱尚未破除，而无法获得城镇户口及相应的市民权利。庞大的群体长年累月在外务工，提供了巨大的人口红利，为城市的繁荣发展，为中国经济腾飞做出了巨大的贡献。

大量农村人口进城从事非农工作，一方面对城市经济产生了巨大的影响，另一方面也对农村发展和农业生产产生了深刻影响。虽然进城务工使农民收入快速增长，务工收入已经成为农民收入中最为重要的组成部分，这无疑有助于改善农村居民的生活水平。但是劳动力大量的流失，导致农业生产中文化水平较高的青壮年劳动力缺失，仍然会对农业生产产生强烈的负面冲击。农村人口大量外出务工也带来了一系列社会问题，如留守儿童、留守妇女和留守老人等。但为了家庭利益的最大化，绝大多数农村家庭还是依据劳动力的比较优势，普遍选择了"男工女耕"和"半工半耕"的兼业化生产方式（黄宗智，2006；贺雪峰，2013）。从发展趋势来看，广大农户的兼业化态势会长期存在。

农户一条腿踏入城市，主要收入来源于非农产业；另一条腿仍然留在农业，不放弃最后的社会保障和退路。这种劳动力资源配置和农业生产方式对中国的农业前景究竟是利大于弊还是弊大于利，仍未可知。因而，有必要对这一议题进行深入分析。

同时，之所以要加强非农就业对农业生产的影响研究，另一个原因是当前非农就业的形势和农村人口结构已经发生了巨大变化。首先，农村人口和农业劳动力的老年化日益严重。农村人口迁移至城市并不是随机的，输出的人口虽然叫"农村剩余劳动力"，但其实质是农村精英群体，是农村中文化水平较高的青年劳动力。中国人口结构已经步入老年化，而农村又胜于城市。这一点已经从农业从业人员老年化上显示出来，根据全国层面人口普查数据，2010年农业从业人员平均年龄为44岁，45岁及以上人口所占比例高达47.1%（刘妮娜、孙裴佩，2015）。根据本书使用的CFPS2012数据，我们发现农业户主的平均年龄已经达到51岁，可见农业劳动力老年化已经十分严重。其次，农村劳动力可能不再无限供给。2008年前后，中国已经跨越劳动力无限供给的刘易斯拐点①（Zhang et al.，2011；Knight et al.，2011）。不仅非农产业出现持续性的"民工荒"，而且农业领域也出现了劳动力短缺，人口红利似乎逐渐告罄。2014《全国农村经济情况统计资料》显示，常年外出务工劳动力占农村劳动力比例高达33%。农村户均劳动力工时投入从1991年的3500工时下降到2009年1400工时（De Brauw et al.，2012）。另一项针对中国5个代表性省份的研究也发现，平均每个劳动力的农业生产劳动时间在不断下降，从2004年的111.45天下降到2008年的90.15天（黄祖辉等，2012）。与此同时，农业劳动力的日均工资水平在2008年之后进入快速增长阶段，2007年农村农业劳动日均实际工资水平达到1998年的两倍（Yu et al.，2012）。这可能意味着农业不再是剩余劳动力的蓄水池。农业劳动力的短缺导致农村地区雇工工资水平大幅提升，以至于很多人惊呼"农村工资怎么也这

---

① 还有一些研究认为，中国的刘易斯拐点来得更早，可能是在2004年就达到了（Cai 和 Wang，2008）。

么高"。一项针对西部地区的研究表明,即使在贫困地区农村,雇工工资也快速上涨,农村劳动力短缺可见一斑(张晓波等,2010)。第三,农业生产机械化的比例大幅提升。在农村劳动力大量流失的背景下,农业生产中的机械使用越来越普及。而且,国家对农户购置农机也提供了很多的补贴,这也激发了农户购买大中小型农机的积极性。根据国家统计局提供的数据,中国农机总动力呈现快速增长态势,已经从2000年52573.6(万千瓦)增长到2010年的92780.5(万千瓦),2014年这一数值更是攀升至108056.5(万千瓦)。目前,农户家庭自购自用的机械也已经在农作物种植、收割中得到广泛应用。因而,面对快速变化的外在环境,在新时期有必要重新检验非农就业对农业生产的影响,这对于认识农业生产规律和保障农业产业安全十分重要。

在人口大量转移至非农产业的时候,另一种重要资源或生产要素——土地的配置也在发生变化。1978~1984年,基于人口均分制的家庭联产承包责任制成为中国农村占据主导地位的农地产权形式。集体拥有所有权,农户拥有承包权的两权分离正式成为农地产权的基础结构。随着"民工潮"的兴起,在城乡收入差距的吸引下,农村大量剩余劳动力自发进入城市务工经商,从事农业生产的劳动力大大减少。

劳动力资源的重新配置也为土地资源重新配置带来了契机,一部分外出务工农户为防止土地撂荒,选择将土地经营权流转出去,从而演化出承包权和经营权的再分离。另一部分农户或其他经营主体,为了实现规模经营和提升收入水平,也积极转入土地进行耕作。虽然直到近年来国家政策中才开始提及和正式确认"三权分离",但是实际上这一产权分化事实早在30多年前就已经出现。即使学界对于劳动力资源配置如何影响农地资源的再配置存在广泛的争议(Zhang et al., 2004;钱忠好,2008;Deininger and Jin,2009;张锦华等,2016),但不可否认的是,在农村劳动力非农就业(兼业)的背景下,农地流转在中国农村逐渐发展起来,不同地区或快或慢而已。整体表现为,经济发达地区快于欠发达地区;2008年之后加快发展,农地流转规模远远超过2008年以前的农地流转规模。

近年来,为提升农业竞争力和农民收入水平,改善土地资源配置和保障国家粮食安全,国家对农业规模经营和土地流转工作开始高度重视。2013年中共中央办公厅和国务院办公厅印发了《关于引导农村土地经营权有序流转、发展适度规模经营的意见》,对农地流转提出了全面指导。十八届三中全会《决定》也提出,要推动土地有序流转,着眼于增加承包农民的财产性收入,提升规模主体的经营性收入。2015年和2016年中央一号文件继续强调,在不损害农民主体性、不改变土地用途和破坏农业生产能力的前提下,要积极发展多种形式适度规模经营。在一系列鼓励和扶持政策的影响下,土地流转总体呈现加快态势。2001年时,全国还只有5%左右的农户承包地进行了流转;到2010年,全国土地流转面积占经营耕地面积的比例上升至14.7%。近年来，农地流转速度进一步加快，截至2015年，全国超过1/3的承包地已经进行流转。相对于非农就业带来的劳动力资源再配置对农业生产的影响，土地流转带来的土地资源的再配置会对农业生产产生何种影响，以往的研究对此关注严重不足，机理分析和实证分析均不多见。因而，也有必要分析这一因素对农业生产性投入和生产效率的影响。

就具体研究内容而言，本书在吸收和综合既往的研究基础之上（李明艳，2009；郑黎义，2010；李丽华，2012；李德洗，2014；杨志海，2015），将重点关注非农就业对农地流转的影响、非农就业对农业生产性投资的影响、非农就业对留守人员农业劳动供给的影响，以及非农就业对农业生产效率（劳动生产率和土地产出率）的影响。另外，我们还关注农地流转对农业生产性投资、对留守人员农业劳动供给和农业生产效率的影响。更为准确地说，我们是在理清"非农就业——农地流转——农业生产（要素投入和产出效率）"传导机制的基础上，联动分析非农就业和农地流转对农业生产的影响。基于上述思路，本书采用CFPS2012全国大样本数据，对上述议题进行实证分析，从而为转型时期，特别是2010年及以后这一时段重新认识和理解上述问题，提供第一手的经验证据。

1.2 研究目的与意义

1.2.1 研究目的

本书的研究目的可以总结为：以较新的、具有全国代表性的CFPS大样本微观调查数据为基础，基于新迁移经济学理论（NELM），在理论与机理分析的基础上，实证分析转型时期非农就业、农地流转与农业生产之间的联系机制，并在基础之上提出针对性的对策建议。为达到上述目标，本书需要完成下述四个分目标，即需要回答下述几个问题：

第一，新时期非农就业对农地流转的影响究竟如何。这一研究是农经领域的一个热点话题，虽然成果十分丰富，但是仍然没有得出一致结论。且诸多研究没有考虑到内生性问题，使用的数据也较为陈旧，还存在样本量偏小和缺乏全国代表性问题。面对不断变化的形势，包括劳动力就业形势变化、农村劳动力结构变化和农地流转变化，在新时期有必要使用具有全国代表性数据对这一经典议题进行再讨论。

第二，新时期非农就业、农地流转如何影响农户农业生产性投资。农业生产性投资是农业生产最基本的要素投入，既有研究多关注非农就业对农业生产性投资的直接影响，本书拓展了这一影响机制，考虑到了农地流转的影响。通过中介模型验证了非农就业是否还会通过农地流转来间接影响农业生产投入。

第三，新时期非农就业、农地流转如何影响留守人员农业劳动供给。农业生产中最为关键的是劳动力供给，因为劳动力最具能动性。既有成果对此研究并不多，且已有的研究仅仅注意到了非农就业如何影响劳动供给，忽略了农地流转这一中介影响机制。本书则引入中介模型，同时验证分析了非农就业对留守人员劳动供给的直接影响，以及非农就业通过农地流转的间接影响机制。

第四，新时期非农就业、农地流转如何影响农业生产效率（包括劳动生产率和土地产出率）。农业生产的目标是为了提升农民收入和保障农业产业安全，农业生产率能否得到提高则关系到这一目标能否实现。以往的研究多从单视角进行研究，仅仅分析了非农就业或者农地流转如何影响农业生产效率，本书则从综合视角出发，联动分析了非农就业和农地流转对农业生产效率的影响。

1.2.2 研究意义

农业是国民经济的基础，面对转型时期外在约束条件的变化，以及非农就业和农地流转的新变化，农业生产受到两者怎样的影响，是否会影响到农业产业的安全，这既是一个十分重要的理论问题，也是一个十分重大的现实问题。总结而言，本书具有下述几个方面的理论和现实意义。

理论意义方面：第一，在新时期，不仅劳动力要素配置有了较大改变，与此同时，农地流转情形也与过去的状态有所不同，即土地资源配置也发生了很大变化。因而在新时期，探究非农就业如何影响土地流转，呈现何种特征和规律，与以往的研究是否存在差异，均值得再探讨。

第二，在新迁移经济学理论（NELM）框架下，本书拓展了非农就业影响农业生产性投资和留守人员劳动供给的机理和渠道。既往研究仅仅注意到非农就业的直接影响，但忽视了人口流动也会带来土地要素的重新配置，从而间接影响农业生产性投资和留守人员劳动供给。

第三，本书联合考虑了非农就业和农地流转对农业生产效率的影响。在既往研究中，多是单独分析非农就业或者农地流转如何影响农业生产效率，在解决内生性问题基础上，综合分析了两者的影响。

现实意义方面：第一，为转型时期劳动力外流背景下制定农地流转政策提供经验支持。农村劳动力外流和非农就业能否带来农地流转，对土地转入市场和土地转出市场的影响如何，仍然存在较大的争议。在内外环境改变、约束条件调整的背景下，有必要使用新近的全国层面的微观大样本调查，对这一议题进行再检验，以获得新时期两者之间影响的经验证据，从而为农地流转支持政策的制定和调整提供决策支持。

第二，为制定影响农业生产性投入和劳动供给的政策变革提供经验支持。转型时期非农就业、农地流转如何影响农业投入值得关注。本书重点关注两大类农业生产投入，其一是农业生产性投资，其二是农业劳动供给。通过理论和实证分析，我们试图回答农业生产性投资受到劳动力流动和土地资源流动怎样的影响，留守人员农业劳动供给受到家庭劳动力资源重新配置和土地资源重新配置怎样的影响。通过回答上述问题，我们能够对当前农户如何进行农业生产投入有一个更好的把握。并在此基础之上，为决策部门做出相对应的制度供给提供参考。

第三，有助于加深理解新时期非农就业和农地流转如何影响农业产出效率。在分析投入的基础上，我们也十分关注非农就业和农地流转对劳动生产率和土地产出率的影响。劳动生产率关乎农户收入问题，土地产出率关乎产量和农业安全问题。通过实证分析，我们将回答两类因素对土地产出率和劳动生产率产生了何种影响，从而为后续针对性政策建议提供经验支持。

1.3 技术路线与研究方法

1.3.1 研究思路和技术路线

本书选择了转型时期非农就业、农地流转与农业生产这一研究课题。在梳理相关基础理论，明晰核心变量内涵的基础上，本书处理并使用 CFPS 2010 和 CFPS 2012 数据从以下四个方面进行了理论与实证分析。首先分析非农就业对农地流转的影响。在此基础之上，进而开展两个方面研究，包括非农就业对农户农业生产性投资、留守人员劳动供给影响，非农就业通过农地流转这一中介机制对农户农业生产性投资、留守人员劳动供给的间接影响。最后，应用联立方程模型，联合考虑了非农就业和农地流转对农业生产效率（土地产出率和劳动生产率）的影响。在上述四个主题的基础上，综合梳理了各章节实证研究的发现，并提出了相对应的政策建议。本书的研究思路和技术路线如图1-1所示。

1.3.2 研究方法

1. 文献收集与综合分析法

科学研究的目的是在前人的基础上将其推进到新的高度，即"站在巨人的肩膀上"，做到登高望远和边际创新。对现有理论和文献进行系统的梳理，把握理

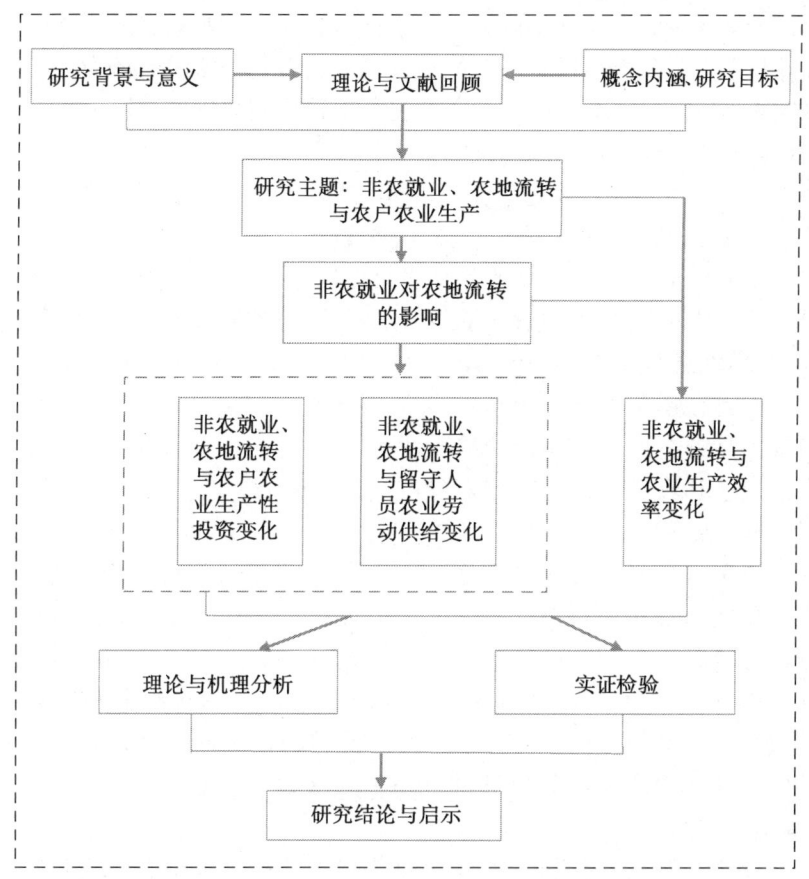

图1-1 研究思路和技术路线

论沿革和最新进展是每一个科研工作者都应当具备的基本素质。只有这样才能够推动科学研究向前发展。就本书而言,我们系统梳理了非农就业、农地流转相关的理论,对非农就业与农地流转、非农就业与农业生产性投资、留守人员农业劳动供给、非农就业和农地流转对农业生产效率等研究内容的国内外相关文献进行了系统整理,并结合新时期我国农业生产的特定情形,选择了研究切入点。

2. 计量分析法

虽然社会科学无法在精确性方面和自然科学相提并论,但是社会科学研究也越来越重视数据和模型,即揭示数据及其背后的规律,对某一现象和理论进行证实或证伪。这一趋势方兴未艾,并与定性分析一起成为支撑起社会科学研究的两大支柱。本书以定量研究为主,定性研究为辅。书中使用的主要研究方法除了最为常见的线性方程模型(OLS)、二元离散模型 Probit、受限因变量模型 Tobit 以外,还使用了下面几种定量研究方法。

第一，工具变量法。就本书的研究主题而言，非农就业与农地流转之间的内生性、非农就业和农业生产性投资之间内生性、非农就业和留守人员农业劳动供给行为之间内生性，均需要很好地解决。否则将会导致研究结论可信度不高，在此基础上得出的针对性政策建议也可能与现实情况相违背。因而，有必要引入有效的工具变量解决此类内生性问题。因此，针对不同议题，本书引入了一系列工具变量，对内生性进行了处理，并检验了工具变量的有效性，从而保障实证结果的可信性。

第二，中介效应模型。本书的一个贡献是阐述并实证分析了非农就业是否通过农地转入或转出来间接影响农户农业生产性投资和留守人员劳动供给。为此，我们引入中介效应模型予以分析。中介效应模型是管理学和心理学中较为常见的一个模型，但是在本领域仍然应用得较少（钱龙、钱文荣，2015）。本书通过追踪中介效应模型的进展，使用最新检验程序（温忠麟、叶宝娟，2014），对非农就业的直接效应和农地流转的间接效应进行详细论证。

第三，联立方程法。在分析农业生产效率时，既有文献多从非农就业单视角或者农地流转单视角进行分析，本书则同时分析了非农就业和农地流转的作用。为了克服变量之间的相互影响，本书选择了联立方程模型来解决这一问题，通过开关方程较好地解决了内生性问题。

第四，Biprobit 模型。在分析非农就业对农地转入和转出影响的时候，引入这一模型进行了稳健性分析。之所以如此，是因为传统的二元 Probit 模型没有考虑到农地转入和转出决策还具有联动性。为克服这一因素的干扰，我们使用 Biprobit 模型进行处理。

第五，PSM 方法。在分析非农就业对留守人员农业劳动供给的时候，我们还使用了较为前沿的倾向得分匹配法（PSM）模型进行稳健性分析。之所以使用这一模型，一方面是因为 CFPS 样本量较大，达到了 PSM 模型的运用要求；另一方面在于 PSM 模型有传统计量模型不具备的优势，PSM 能够解决因为样本偏差导致的内生性问题。因而使用这一方法，并配合传统计量模型，能够提升研究结论的可靠性。

1.4 数据来源与介绍

1.4.1 数据来源与识别

本书使用的数据来自北京大学中国家庭动态跟踪调查（China Family Panel Studies，CFPS）数据库，该调查旨在通过追踪调查个体、家庭、社区三个层次的数据，反映中国社会、经济和人口等方面的变迁。北京大学中国社会科学调查中心于2010年在全国展开第一次基线调查，覆盖25个省（市、自治区）（除港、澳、台地区及新疆、西藏、青海、内蒙古、宁夏、海南外），采用三阶段不等概率的整群抽样设计。这25个省（市、自治区）的人口约占全国总人口（不含港、澳、台）的95%，因此，CFPS的样本可以视为一个全国性样本，具有很好的代表性（Xie，2011）。

为了刻画出新时期土地流转现状以及非农就业对农地流转的影响，本书主要使用2014年北京大学发布的CFPS2012数据①。CFPS2012是对第一次基线调查的首次追踪调查，但由于CFPS2010和CFPS2012的调查内容存在一定差异，如CFPS2012年数据中缺乏社区层面信息，因而，首先对两个数据库进行合并匹配，且只保留那部分同时参加过两次问卷调查的农村家庭与成员信息。经过处理后，最终获得CFPS2012 24个省134个区县420个村庄共6785户农户家庭的有效信息。相对以往的一些区域性调查研究，本书的数据覆盖范围更广、样本容量更大，从而也更具全国代表性。

1.4.2 数据基本信息

从分布区域来看，被调查农户中东部地区有2459户，中部地区有1951户，西部地区有2375户。就家庭层面信息而言，农户家庭平均人口为4.2人，说明农村家庭的小型化已经较为明显。从非农就业情况来看，当前农村家庭的非农就业率较高，家庭劳动力中在非农行业就业的比例达到了62%左右，可见农村家庭的非农就业率已然相当高。从家庭拥有的耕地面积来看，户均拥有承包地面积（仅含水田和旱地）为5.2亩。家庭拥有承包地面积在2亩及以下的农户占比为22.7%，在2~5亩之间（含5亩）的农户占比为30.5%，在5~10亩之间（含10亩）的农户占比为20.9%，在10~20亩之间（含20亩）的农户占比为11.9%，20亩以上的农户占比仅仅为3%左右。这说明中国农户仍然是传统的小农，土地种植规模仍然偏小，规模经营的比例仍然很低。从农户家庭的农业机械持有情况来看，当前农村家庭的农业机械使用较为普遍，接近40%的农户至少拥有一件农业机械装备，户均拥有农业机械价值达到1471元。从农户家庭参与土地情况来看，样本整体的土地流转参与率约为27%，这表明农户的参与度较为活跃。土地流转面积占比仅为16.35%，这与2011年全国层面的调查结果较为接近，说明样本具有很好的代表性。

---

① 当然，需要指出的是，在本书完成的时候，2016年6月CFPS公布了2014年全国追踪调查数据。但这一数据中关于土地流转的信息并没有CFPS2012详尽。

1.5 内容结构安排

根据本书的研究思路和目标，本书的内容结构安排如下：

第1章是绪论，本章首先介绍了本书的选题背景、研究的目的和意义。进而阐述了研究想要解决的问题、研究的思路以及重点研究的内容。还介绍了研究的技术路线和使用的研究方法。这一部分我们还对数据来源——北京大学 CFPS 数据库进行了初步介绍，简要介绍了处理和识别过程。

第2章是核心概念界定与理论基础，这一部分首先对本书所涉及的核心概念进行了界定，然后对相关的基础理论进行了梳理，具体包括农户行为理论、非农就业相关理论和农地流转相关理论。进一步的，我们还初步对核心章节相关的既往研究进行了初步的梳理和总结，从而为后续研究提供坚实的理论基础。

第3章为非农就业对农地流转的影响研究。在理论分析的基础上，本书基于 CFPS 全国大样本数据，考察了新时期非农就业对农地流转的影响。在理论分析的基础上，本书提出了非农就业如何影响农地转出和农地转入两大假设，并应用 Probit 模型和 Tobit 模型进行了初步验证。同时，为缓解内生性问题，我们还应用代理变量法模型、Biprobit 和工具变量法进行多样化的稳健性分析。

第4章为非农就业、农地流转对农户农业生产性投资的影响研究。这一章拓展了既有研究，同时考虑到非农就业对农户农业生产性投资的直接影响和通过农地流转来间接影响农户生产性投资。在这一章，我们使用 CFPS 数据，使用多种计量模型对非农就业与农业生产性投资进行了实证分析。为验证农地流转是否是中介变量，使用中介效应方程对这一机理进行了验证性分析。

第5章为非农就业、农地流转对留守人员农业劳动供给的影响。与第4章类似，这一章首先在理论上明确了非农就业影响留守人员劳动供给的渠道，阐述了非农就业既能够直接影响农业劳动供给，也会通过农地流转来间接影响留守人员农业劳动供给。我们使用 CFPS 大样本数据对上述机理进行了实证检验。这一章还使用工具变量法和 PSM 模型，对非农就业和留守人员农业劳动供给进行了稳健性分析，并再次使用中介效应模型，对非农就业是否通过农地流转来影响劳动供给进行了实证检验。

第6章为非农就业、农地流转与农业生产效率变化。相对以往的单视角研究，我们同时考虑了非农就业和农地流转对农业生产效率的影响。同样，也使用 CFPS 数据检验了我们的理论推断。为解决变量之间相互影响问题，这一章还尝试运用联立方程分析了非农就业和农地流转对农业生产效率的综合影响。

第7章为结论与政策启示。这一章节主要对上述各章节进行总结和梳理，并根据上述研究结论和发现，针对性地提出政策建议。

1.6 可能的创新与不足

1.6.1 可能的创新

本书的创新之处主要体现在以下几个方面：

第一，研究视角新。既往的研究多关注非农就业对农业生产的影响，从农地流转视角出发来分析农业生产的研究并不多见。本书则联合考虑了非农就业和农地流转对农业生产的可能影响，详细阐述了影响机制，验证了非农就业的直接影响和农地流转的中介效应，从而拓展和丰富了已有的研究。

第二，研究方法新。在分析非农就业对农地流转、农业生产性投资和留守人员劳动供给的时候，以往诸多研究忽视了内生性问题，本书则通过引入一系列工具性变量予以解决。并且，我们还进行了多种形式的稳健性检验，来验证实证结果的稳健性，包括代理变量法、Biprobit 模型、PSM 模型等。为验证非农就业是否通过农地流转来影响农业生产性投资和留守人员劳动供给，我们使用最新的中介效应检验程序予以验证。在分析非农就业和农地流转对农业生产效率的联合影响时，以往研究多没有意识到两个变量的相互影响，将其视为外生变量。为了解决三个变量之间的相互影响，本书通过引入联立方程模型予以解决。因而，本书的研究结论也更加可信。

第三，本书还得到一些与以往研究不同的发现。既往的一些研究，多为某一区域的微观调查，不仅数据较为陈旧，而且样本量偏少，在此基础之上得出的结论其适用性值得商榷。近年来，诸多全国层面的微观大数据陆续向社会公开，北京大学 CFPS 数据设计科学，涵盖范围广，是不可多得的高质量、具有很强代表性的微观层面全国大样本数据库。应用这一数据库，本书得出了一些与既往研究不同的结论。比如，我们论证了新时期非农就业对农地流转的影响，发现非农就业在促进农地转出的同时，并没有显著阻碍农地转入。劳动力老年化对农地转出没有明显的负面影响，但对土地转入产生了负面影响。劳动力女性化对农地流转则没有想象中的负面影响。类似的新发现在其他各个实证章节还有很多，不再一一赘述。

1.6.2 研究的不足之处

由于研究能力和客观条件的限制，本书还存在以下不足之处：

首先，本书使用的仍然是截面数据，CFPS数据两年进行一次跟踪调查，在本书写作期间和即将完成时，仍然只有CFPS2010全国层面第一次基线调查和CFPS2012全国层面追踪调查对外公布（2014年7月对外公布）。由于我们主要聚焦于新时期非农就业和农地流转对农业生产的影响，因而本书主要使用CFPS2012数据进行分析，并获取CFPS2010中有效信息来补偿和完善CFPS2012研究数据。比如利用CFPS2010中的前置数据来减缓内生性问题，使用CFPS2010中提供的社区层面的信息，使用CFPS2010中的一些变量作为工具变量等。但相对截面数据，面板数据有其优势性，面板数据能够更好地揭示变量之间的关系，因而下一步需要尝试使用面板数据对本书的议题进行再检验。值得关注的是，CFPS2014全国层面第二次调查也于2016年6月底向社会免费开放，因而，这也使得我们后续使用CFPS面板数据来研究成为可能。

其次，本书没有很好地区分非农就业类型对农地流转和农业生产的差异化影响。非农就业可以区分为异地非农就业和本地非农就业（郑黎义，2011），两种类型的非农就业的影响存在一定差异性。但囿于数据获取和处理能力的限制，我们无法识别出家庭内部的本地非农就业率和外地非农就业率，这不能不说是一个遗憾。因而，在后续研究中，需要加强这一方面的研究。

再次，受数据结构的限制，本书的诸多实证分析仍然存在一些缺憾。如在分析农业生产性投资中，由于样本信息缺失，我们无法识别出非农就业和农地流转对具体种类生产性投资的投入变化。在农业生产效率方面，由于没有提供地块层面的信息，因而我们的实证分析没有办法深入至地块层面，二者可能会影响结论的可靠性，这不能不说是一个遗憾。在分析农业机械化的影响时，我们也只能考虑农户自购农机的影响，而无法考虑近年来农业机械社会化服务的影响（Ji et al.，2012）。在原定设想中，我们还试图分析非农就业和农地流转对农业生产结构的影响（钟甫宁等，2016；杨进等，2016），但均因数据无法支撑而作罢。因而，在后续研究中，还需要加强对上述问题的研究。

最后，需要说明的是，我们所言的转型时期是指2008年及以后，特别是2010年及以后这一段时间。我们开展上述研究的目的是为了验证新时期非农就业和农地流转对农户农业生产的影响。由于写作进度安排和数据来源限制，本书主要使用的数据是北京大学2014年公布的CFPS2012数据，而不是更新的CFPS2014。北京大学于2016年6月底公布了这一最新数据，在本书完成时，已来不及使用CFPS2014，但这并不影响本书的结论和政策建议的有效性，因为自2010年以后，我国非农就业市场和农地流转市场并未发生重大结构性变化，制度环境也未发生重大调整。当然，为了反映转型时期的新情况，后续研究中我们还会继续使用包括CFPS2014在内的最新数据做进一步的验证。

第 2 章　概念界定与理论基础

在开展具体的实证分析之前，需要对核心概念的内涵进行界定，同时对相关的基础理论和既有研究进行较为全面的梳理。本章对本书涉及的核心概念，如农户、非农就业、农地流转进行了界定，并主要回顾了农户经济行为理论、劳动力迁移（非农就业或外出务工）理论、农地理论与流转相关理论。文献综述方面，主要回顾了非农就业对农地流转的影响，非农就业、农地流转与农业生产性投资，非农就业、农地流转与留守人员劳动供给，非农就业和农地流转对农业生产效率的影响，从而为后续研究奠定扎实的理论基础。

2.1　核心概念界定

在理论与实证分析之前，最重要的是弄清楚研究的对象，以及对核心概念的清晰界定。就本书而言，最为关键的基本术语包括农户、非农就业、农地与农地流转、农业生产等。

2.1.1　农户

农户是人类进入农业社会以来，经济社会最基本的单位。无论是发达国家的经验，还是广大发展中国家的实践，均证实农户是最适合农业生产的组织形式。与其他农业组织形式相比，农户的本质特征在于其以家庭血缘和亲缘为联系纽带，且主要依靠家庭劳动力从事农业生产（尤小文，1999）。因而，本书所言的农户并非是指个体，而是以户为单位的农户家庭。在中国情景下，农户不仅是一种职业，同时也是一种出身和身份。且随着人口流动和家庭成员的职业分化，农户家庭也逐渐分化（钱龙等，2015a），细分为纯农户、兼业农户（以农业为主的Ⅰ兼农户和以非农为主的Ⅱ兼农户）和非农户。同时，从种植规模来看，农村中既包括大量传统的小规模农户，也包括越来越多的适度规模经营的新型经营主体，如家庭农场。因而，在新形势下重新界定农户的内涵和边界十分必要。本书主要从农户家庭层面进行分析,将家庭成员至少有一位户籍仍在农村,在农村集体拥有土地承包权,界定为本书的研究对象。从这种意义上来说,无论是职业分化视角下的农户,还是规模分化下的农户,都是本书的研究对象。

2.1.2 非农就业

非农就业是贯穿本书的一个核心概念,通常指的是个体职业从农民转变为工人或个体经营者,就业领域从农业转换为非农产业,工作地点从农村转变为城镇。在其他相关文献中,对上述转变的定义,也有学者使用外出务工、农村劳动力转移、农户非农兼业等类似词语予以表示,但本质上是一样的。与部分研究强调个体层面的非农就业不同,本书所指的非农就业是家庭层面的非农就业率,为家庭成员在非农产业就业总人数占家庭总人口的比例。其中,个体非农就业以其"一年之中超过 6 个月从事非农工作"来进行识别。之所以采纳家庭非农就业率来表示,主要是因为本书基于新迁移经济学理论(NELM),在家庭层面对非农就业及家庭内部劳动力资源再配置及其对农业生产的影响予以理论与实证分析。

2.1.3 农地与农地流转

在明确农地流转的内涵之前,首要的任务是明确农地的内涵。由于涉及学科的多样性、土地自身的复杂性,不同学科对农地的界定和理解也存在差异。从文献梳理来看,对农地的理解呈现多样化,可理解为农村土地、农业用地、耕地、农民集体所有土地等。就本书而言,农村土地指的是农业用地,主要包括耕地、园地、林地和草地,还包括"四荒地"、用于水面养殖的湖泊、池塘水面等。但对于农民来说,耕地仍然是绝大部分农户拥有的土地类型,同时也是对其生计影响最大的土地种类。当前,农村土地中流转涉及最多的依然是农业耕地。因而本书所指的农地为狭义的农业用地,专指耕地(水田和旱地)。

中国农村土地所有权归集体所有,农户凭借集体成员身份依法享有承包经营权,因而农地流转并非指的是土地所有权的流转而是农户承包经营权的流转。《农村土地承包法》给出的定义为,"土地承包经营权指的是农民对集体所有的土地,亦或由国家所有但依法由农民长期使用的土地使用权"。根据法律和政策规定,土地承包经营权可以依法采取转包、出租、互换、转让或者其他方式流转。但是土地流转期限需以承包剩余期限为限,不得改变土地用途和用于非农建设。虽然有部分学者从广义上去理解农地流转,即农地流转包括权利的转移和土地功能改变,但考虑到中国的具体实践,本书所指的农地流转是指在依法、自愿、有偿的原则下不改变农村土地农业用途前提下的农村土地承包经营权(使用权）流转。并且，在本书中我们将交互使用农地流转和土地流转两个词汇，但意思所指是完全一样的。

2.1.4 农业生产

农业生产是本书关键词，同时也是本书的研究主题。农业生产是一个内涵十分广阔和丰富的领域，从纵向视角来看，农业生产包括农业生产产前、产中和产后，是一条完整的纵向产业链。从涉及范围看，涉及农业生产投入（钟甫宁、纪月清，2009）、农业生产方式（赵文、程杰，2014）、农业经营与组织方式（李宾、马九杰，2014）、农业生产结构（樊帆，2009）、农业产量和质量（李旻、赵连阁，2009）和农业生产效率（盖庆恩等，2014）等多个方面。当然，本书无法囊括这一庞大的研究主题群。考虑到本书的关注重点，且限于客观数据限制，本书只选择了农业生产中部分研究领域。本书研究主题涉及农业生产性要素投入、农业生产中劳动力投入，以及农业生产效率这三个议题。当然，更为具体的，本书主要聚焦于非农就业和农地流转对农业生产中的流动性生产要素投入（农药、种子和化肥）、农业机械投资、家庭留守人员的农业劳动供给、土地产出率和劳动生产率这几个主题的影响。

2.2 农户经济行为理论

农民经济行为的选择和动机是发展经济学和农业经济学的经典论题，围绕这一议题，包括经济学（特别是发展经济学和农业经济学）、社会学、人类学、历史学在内的诸多学科，进行了深入、精彩的探讨和交锋，形成了丰富的理论体系。从主流文献看来，农户经济行为理论可以区分为实体主义学派的生存小农（或道义小农）、形式主义学派的营利小农（或理性小农）、马克思主义学派的剥削小农、吸收批评上述流派而形成的综合小农。

2.2.1 "理性小农"

形式主义学派延续着古典政治经济学中的理性主义、功利主义和个人主义传统，认为任何经济行为都遵循着效用或收益最大化准则。这一学派认为，农民在本质上也是理性的，也会遵循成本—收益来安排生产，这一点与其他经济主体并无二致。这一学派的主要代表人物之一的舒尔茨教授（1965），在其经典论著《改造传统农业》中首次提出了"理性小农"。他认为，传统农业之所以落后，并不在于农民的愚昧或懒惰,相反,农民也是精致的利己者和"理性人"。在进行资源配置和生产要素投资时,农户的理性并不输于资本主义企业家,农业要素与资源的配置是有效率的,并不存在"传统农业中生产要素配置效率低下",同时传统农业中也不存在隐性失业。舒尔茨同时以危地马拉的帕那加撒尔和印度的塞纳普尔这两个传统农业社会所做的详细的调查资料来证实,"传统农业贫穷但有效率"。他着重强调,传统农业之所以落后,主要原因在于农民衡量风险和产量的不确定性后,理性地拒绝使用新的生产要素。

受到舒尔茨理性小农思想的影响,波普金也认为,贫苦的小农"首先是一个企业家,一个商人",小农也会按照利益最大化来进行资源配置。在《理性的小农》中,波普金(Popkin, 1979)强烈批判了实体主义学派的核心论点,在分析东南亚地区传统农民行为时,指出其行为受个人利益或家庭福利所驱使。农民是理性的投资者,虽然贫穷,但是也会大胆尝试进行一些风险投资。

2.2.2 "生存小农"

经济史学家卡尔·波兰尼是实体学派的代表人物之一。在其经典之作《大转型:我们时代的政治与经济起源》一书中,波兰尼(2007)充分借鉴历史学和人类学的研究成果,提出了一个颠覆性的观点:市场经济行为嵌入于社会行为。他强烈批判了古典经济学,认为自我调节的自由竞争市场是一种乌托邦,从功利主义为主的经济思维来理解人类行为动机是不可能成功的。波兰尼指出,实际上,在19世纪以前,经济关系仅仅是社会关系的一部分。只是在资本主义兴起后,"经济不再是嵌合在社会关系之中,而是社会关系嵌合在经济体制之内"。波兰尼提倡用"实体经济学"取代"形式经济学",其思想对实体主义小农理论产生了深刻影响。在实体小农学派看来,形式主义所认同的"理性小农"背离了农业和农村生活的真实状态,农户经济不能等同于资本主义经济。在农村,农户的行为受到文化习俗、道德规范约束,农户将追求生存安全、道义伦理动机排在第一位。农户安排家庭农业生产,最为重要的是保障家庭生计,对待风险的态度是规避的。

苏联农业经济学家恰亚诺夫是实体小农的奠基人。恰亚诺夫最先指出,农民的行为逻辑不同于资本主义大农场,在其代表性著作《农民经济组织》(1925,中译本1996)一书中,他提出应从农民心态和农业经济的组织形态出发来分析农民经济行为(马良灿,2014),"以此探讨农民农场的组织特征在实际生产过程中是如何表现出来的"。农民主要依靠家庭劳动力进行生产,生产的目的主要是为了满足家庭消费需求,并非是追求市场利润最大化。家庭劳动力的利用和开发强度与家庭消费量密切相关,当家庭消费量增加时,就需要增强开发。另一方面,农户也是劳苦规避的,当农户付出极大努力而只能维持基本生计时,就会放弃这种艰苦的劳动。

詹姆斯·斯科特继承了实体主义传统，认为农民行动的逻辑是"生存伦理"，贫困农民首先是基于生存理性的"生存小农"。在其代表作《农民的道义经济》一书中，斯科特（2001）基于对20世纪30年代东南亚农民的研究，指出一阵风浪打来，就可能淹没已经处于齐颈深的小农们。因而，农民家庭根本不具备按照收益最大化进行算计的机会，农业耕作者只能力图避免可能毁灭家庭生活的农业歉收。在斯科特看来，"生存伦理"和"安全第一"是农民社会行动的基本原则，这意味着农民是风险规避型的，在农业生产中，农民关心的并不是获利多少，而是农业生产所得能否满足家庭成员的基本生存。因而，农户所采取一些看似不合理的行为，实际上是基于"灾难避免"的理性考虑（Lipton，1968）。

2.2.3 "剥削小农"

马克思主义的"剥削小农"理论不仅在理论上十分盛行，而且也是一个在实践中得到广泛应用的理论。恩格斯（1895）在《法德农民问题》中指出，小农经济的本质是分散和孤立的劳动，具备以下三个特征：一是小农是小块土地的所有者，使用传统、落后的生产工具；二是依靠有限的土地，为家庭成员提供消费产品，多是自给自足的；三是小农经济为宗法式自然经济，生产力落后，生产效率低下。在马克思学者看来，小农一方面是被剥削的对象，尽管付出辛勤的劳动，但是生产所得的大部分都以地租形式转移至地主手中。小农很可能在遭遇农业风险的时候入不敷出，成为破产者或无产者；另一方面，作为小生产者的农户，如同一个个散落的马铃薯，劳动是分散和孤立的。经营规模小和缺乏合作使得小农排斥现代机器设备与农艺学应用，造成劳动和土地资源利用效率低下。马克思曾经预言，农民之间的合作和联合、大规模的农业生产是农业发展的方向所在。因而从长远来说，小农是必然消亡的。

马克思主义深刻揭示了小农经济的本质、小农被剥削的悲惨命运，以及小农经济的走向，而没有从微观视角对农户动机进行详细的阐述。但我们依然能够体悟到经典马克思主义对农户动机的主张。即农户是自给自足的，生产主要是依靠自我劳动而非社会流通获得，这表明小农生产并非是按照利润最大化的，而是在剥削和依附情景下，努力生产维持家庭成员生计的。这与实体主义经济学的主张有共通之处。

2.2.4 "综合小农"

著名华裔学者黄宗智先生是综合小农的集大成者。在对新中国成立前的中国小农的研究中，他首次提出了综合小农这一理念。在其代表作之一的《华北小农经济与社会变迁》一书中，黄宗智（2000a）认为实体主义、形式主义和马克思主义均只看到小农的一个侧面，并不足以反映农民的全貌，也无法对中国小农进行有效解释。他认为，中国小农同时兼具三种面貌。首先，农户在一定程度上是为自家消费而生产，会根据家庭需要来安排农业生产，有着规避风险的动机。其次，小农也是一个理性生产者，会追求利润最大化，小农生产和资本主义企业或大农场有相似性。第三，小农处于阶级社会最底层，受到地主阶层的剥削。即小农同时是一个利润追求者、生计维持者和受剥削者，并且不同阶层的农户在上述三个方面的侧重点不同，比如富农更可能是利润追逐者，自耕农则接近于实体主义所描述的小农，贫雇农则更可能是马克思主义的剥削小农。

黄宗智还考察了人口压力背景下的农户经济行为选择。黄宗智认为中国农户为维持家庭生计需求和就业压力，农业长期处于"农业内卷化"状态。"农业内卷化"一词由美国人类学家吉尔茨提出，吉尔茨（Geertz，1963）对印度尼西亚爪哇岛水稻农业研究发现，当地由于资本和产业机会十分有限，多余的人力资本只能投入到当地有限的水稻生产中，这带来了土地产出率的上升，但是劳动产出率却不断下降。黄宗智引入这一理论对中国华北地区和长江三角洲地区的农业生产进行了分析，并对该理论进行了拓展。黄宗智（2000a）认为，使用雇佣劳动力的大农场和使用家庭劳动力的传统农户，在面对人口压力时，反应不一，前者可通过多雇或少雇劳动力来弹性面对，而小农户面对过剩劳动力则缺乏应对手段，只能在单位面积上投入更多农业劳动力。在《长江三角洲小农家庭与乡村发展》一书中，黄宗智否定了吉尔茨提及的土地产出率能够不断提高，指出中国水稻产量在明清以后极少毫无增长。"那里所实行的是日益转向劳动更为密集的经济作物，尤其是棉花和桑蚕"（黄宗智，2000b）。中国的农业内卷化更深层次上是一种过密型增长，是"在保持人均收入水平不变（在生存工资水平上）的情况下通过吸纳更多的劳动力投入"所获得的无发展的增长（郭继强，2007）。

2.2.5 农户行为理论评述

主流农户行为理论从不同视角对农户经济行为动机和外在约束进行了阐述与分析，具有深刻的洞见性。正如黄宗智教授所言，不同的农户行为理论仅仅揭示出了农户的某一个侧面，农户行为抉择受到农户自身条件、外在特定环境的影响，内外条件的改变会导致农户主导行为原则的变迁。因而在研究某一特定情景下农户行为时，我们不能忽视这一背景，并针对性地进行吸收和修正。就本书的研究而言，我们主要聚焦当前转型时期非农就业、农地流转对农户农业生产的影响，这就不得不考虑转型时期的具体背景和特征、农户所处的外在环境如何。

作为社会主义国家，我们实行社会公有制和土地集体所有制，并不存在马克思所言的剥削。同时，我们认为，经过改革开放后近40年的发展，当前阶段，农户的生计问题基本得到解决，农民贫困问题大大缓解，如何进一步提升农民收入水平和改善农民生活是今后较长一段时间的主要任务。随着土地制度和土地经营权朝着稳定化和长期化迈进，无论进城与否农民都拥有了最后的退路。再加上各项惠农政策的落实、普惠性的养老保险和新农保的普遍推开，农民也拥有了最基本的社会保障。因而对农民而言，生计问题重要性下降。当前，我国整体进入了中等收入水平阶段，新时期，外在条件改善和自身财富水平的增加，使得农户规避风险下降为次要动机。在此基础上，我们得出一个判断就是：当前的农户行为动机更接近营利小农或理性小农，努力追求收益最大化。当然，这种追求利润最大化的行为，不是毫不顾虑风险的盲目追求，而是在风险可控前提下的行为选择。

2.3 非农就业相关理论

劳动力迁移和非农就业是发展经济学、人口学、社会学、经济地理学等学科的经典议题，早在19世纪，Ravenstein（1885）就基于欧洲人口迁移数据，对人口在城乡之间流动进行了研究。以经济学为例，第二次世界大战后，一大波经济学家投身于第三世界的经济增长、经济结构转换研究，形成了一系列经典的人口流动模型。包括刘易斯（Lewis, 1954）、拉尼斯和费景汉（Rains and Fei, 1961）、托达罗（Todaro, 1969）、哈里斯（Harris, 1970）、斯塔克（Stark, 1991a, 1991b）、泰勒（Taylor, 1999, 2003）在内的诸多经济学家从不同的视角对劳动力流动与非农就业的机理和动因进行了丰富的理论解读。在国外，农户非农就业和劳动力转移是同步的，因而国外的人口迁移和劳动力转移理论在某种程度上来说并不同于我们国家的非农就业，但是在很大程度上也有共通之处。两者的核心内涵均为劳动力资源的再配置。在国内，学者实际上也是同时使用劳动力转移和非农就业两个词汇，且意义接近。因而在研究农户非农就业时，首先需要对国外的相关经典理论进行一个系统的梳理。

2.3.1 "刘易斯—拉尼斯—费景汉"模型

诺贝尔奖获得者、著名的经济学家阿瑟·刘易斯（Lewis, 1954）在《曼彻斯特学报》上发表了一篇题为《劳动力无限供给下的经济发展》的论文，正式开启了现代经济学在二元框架下对农村劳动力非农就业的理论研究，即经典的刘易斯模型。在刘易斯模型中，经济部门区分为传统的农村农业部门和现代城市工业部门，前者是"非资本主义部门"，后者为"资本主义部门"。刘易斯（1954）认为，传统部门存在大量的剩余劳动力，这些劳动力的边际生产率很低，接近于零甚至为负，这种劳动力转移对传统部门并没有负面影响。只要城市工业部门提供一个略高于农业部门的平均工资水平，农业劳动力就会源源不断地转移至工业部门。经济的发展取决于后者，经济发展过程就是现代部门不断把剩余进行新的投资来获得更多资本，使其规模不断扩大，将传统部门剩余劳动力转移至现代部门，直至吸收完毕，经济结构就转变为一元经济。

刘易斯模型强调了现代部门和传统部门的巨大差异，将经济增长和结构转型与劳动力非农就业密切联系在一起，产生了巨大的理论影响。然而，该模型因其缺陷也受到广泛的批评（程名望，2007）。一是零值劳动力假设。如舒尔茨（1965）认为，刘易斯模型的农村劳动力无限供给和零值劳动力是不切实际的，农村地区并不存在零值劳动力。二是该模型忽略了农业的重要性，只是将农业静态地作为现代部门的劳动力供给部门。三是该模型假定城市不存在失业率，这与发展中国家的情景并不符合（Todaro，1985）。四是该模型将不变工资率、劳动与资本比例不变作为假设前提，但经验研究并不支持这一判断。

拉尼斯和费景汉（Rains and Fei，1961）进一步发展了刘易斯模型，他们认为刘易斯模型存在两点缺陷：一是对农业发展的重要性认识不足；二是没有意识到农业劳动效率提升是农村剩余劳动力转移的前提条件。在拉尼斯—费景汉模型中，他们将刘易斯模型划分为三个阶段：第一阶段，农业中存在大量的显性失业，这些边际生产率为零的劳动力会首先转移至非农产业，且不会影响农业产量，此为刘易斯第一拐点；第二阶段，在不变制度工资下，工业部门继续吸收农业劳动力，这部分劳动力的生产率大于零但低于制度工资。此时，农业生产受到负面影响，农业产量会降低。由于粮食出现短缺，导致工业产品的相对价格下降，工人工资水平上升。这一阶段直至这部分劳动力生产率大于零，但低于制度工资水平的农业劳动力被吸收完毕，此为刘易斯第二拐点；第三阶段，农业剩余劳动力被吸收完毕，农业边际劳动生产率开始高于制度工资，工人和农民都可在劳动力就业市场按照市场原则获得工资，经济转变为一元（蔡昉，2010a）。

刘易斯第一阶段较易完成，但刘易斯第二拐点较难完成，如何度过粮食短缺点，拉尼斯和费景汉认为关键在于农业生产效率的提升，保障农业与工业平衡增长，使得农业不仅为工业部门扩张提供劳动力，同时还提供农业剩余。由于拉尼斯和费景汉的杰出贡献，因而经典二元结构模型又被称为"刘易斯—拉尼斯—费景汉"模型。当然，拉尼斯和费景汉模型仍然保留了刘易斯模型的一些缺陷，如不变的制度工资水平与经验事实并不符合，也并未考虑到城市失业问题等，因而仍不能完美地解释劳动力非农就业。

2.3.2 "哈里森—托达罗"模型

在经典二元结构模型中,都假定城市中并不存在失业,农业劳动力是根据城乡实际收入差距而做出的迁移决策。美国著名发展经济学家托达罗对此进行了批判,并提出了自己的理论模型。托达罗(Todaro,1969)认为,农村劳动力向城市迁移和进入非农产业,主要依据其自身对城市收入差距的预期,并非是实际的收入差距。这一预期同时取决于农业劳动力在城市中找到工作的概率、城市工作收入、农业工作收益和转移成本。该模型假定农户是风险中性的,农户会理性地权衡上述因素,当预期在城市非农产业中获得收入的效用大于留在农业部门时,劳动力就会离开农业,否则劳动力会选择留下。托达罗模型还表明,仅仅依靠工业扩展无法解决城市中的失业问题,因为这会进一步吸引农村劳动力来到城市,从而加剧失业问题。解决的方法在于消除一切导致城乡收入差距的人为因素,重视农村发展和推进城乡一体化。

在托达罗模型基础上,部分学者进行了发展,其中以哈里森的工作最为突出,因而这一模型又被称为"哈里森—托达罗"模型。在《人口流动、失业和发展:两部门分析》一文中,哈里森等(Harris et al.,1970)假定,城市工资率是外生决定的,内生决定的市场工资会导致农村居民向非农产业迁移率下降,由此会降低失业率。"哈里森—托达罗"模型的核心公式为:$W^a = (L^l/L^U) W^U$。其中W^a为农业工资水平,(L^l/L^U)为城市就业率,W^U为工业部门的工资收入。当农民预期城市工作收入$(L^l/L^U) W^U$大于农业工资收入W^a时,才会选择进入城市务工。

"哈里森—托达罗"模型从微观视角对劳动力非农就业进行了令人信服的解释,但这一模型也存在一些缺陷,如假定农户风险中性、农村中并不存在失业、农业劳动力转移中没有考虑到发展中国家城乡二元制度障碍,因而在具体情境的实践应用中需要加以修正。

2.3.3 新迁移经济学理论

传统二元结构模型是从宏观视角来分析非农就业和人口迁移问题,以"哈里森—托达罗"为代表的新古典模型则从个体微观视角来解读这一问题,而以Stark和Taylor为代表的部分经济学家,尝试以家庭为基本分析单位,试图从家庭视角对农户的城市迁移和非农就业进行分析,此即为新迁移经济学理论(NELM)。

Stark(1991b)认为,家庭内部劳动力在非农产业和农业产业的配置并不是个体层面的决策,而是"一组人决策的结果,或是对一组人决策的执行",而这一组人正是家庭这一形式。家庭内部做出决策后,所有家庭成员都会为改善家庭福利而共同努力。新迁移经济学认为,家庭内部之所以会有一部分成员外出务工,其动机有二:其一是分散家庭收入波动风险、平缓家庭内部消费。农业生产风险大,农产品价格波动也较大,部分成员外出务工后,则可以通过汇款收入帮助留守农业家庭成员(Taylor et al.,2003);其二是提升家庭收入水平。农业收益相对低下,务工收入则相对较高。与家庭所有劳动力都留在农业领域相比,有部分成员务工则可以将家庭收入提升到更高水平,也可以起到缓解农业生产中的信贷约束作用,进而改善了家庭福利(Wouterse and Taylor,2008)。留守在农业的成员和外出非农就业的成员之间存在一种契约关系,前者为后者提供最后的保障,后者则通过汇款来改善前者福利,双方共同保障家庭效用最大化。新移民经济学拓展了劳动力城乡迁移和非农就业的视角,自提出以来赢得了广泛的赞誉,同时也得到了来自不同国家经验研究的证实(Atamanov and Berg,2012)。

2.3.4 非农就业理论评述

经典二元结构模型从宏观视角对经济结构转型和劳动力非农就业进行了理论阐述,"哈里森—托达罗"模型则基于微观视角考察了预期收入差距对劳动力迁移和非农就业的影响,新迁移经济学理论则突破个体层面,从家庭层面分析了农户迁移和劳动力非农就业的影响。三种理论从不同侧面解释了农村劳动力非农就业的动机,丰富了相关理论。从理论渊源上来说,第一种理论属于结构主义范式,第二种理论为新古典范式,新移民经济学则是对第二种理论的拓展。三种理论在各具特色的同时,也存在一定的理论局限性。特别是对中国而言,尤其如此,由于我国特有的户籍制度和土地制度,人口迁移和非农就业仍然存在脱节。但是上述理论仍具有很强的借鉴意义。

就本书而言,我们主要基于新迁移经济学理论(NELM)来分析中国农户的非农就业行为以及其对农业生产的影响。由于特殊的二元制度,中国城乡人口迁移和非农就业呈现典型的暂时性和不充分性。典型的农村家庭体现为,一部分家庭成员,主要是年轻人在城市务工;另一部分家庭成员留守在农业,主要是老年人和女性留在农村务农,已经形成了制度化"半工半耕"的分工模式(黄宗智,2006;杨华,2015)。在中国传统文化中,家庭本位占据主导地位,且在乡村地区传统文化影响更深。家庭本位制下伦理规范,通常要求个体服从家庭,为了家庭利益最大化而隐忍、服从大局安排(袁明宝,2014)。新迁移经济学理论所强调的家庭决策先于个体决策,与中国情景下农户非农就业和城乡迁移十分吻合,并得到诸多国内研究的证实(郑黎义,2011;李德洗,2014)。另外,本书使用的是全国层面的微观调查数据,也能够进一步验证这一理论范式在中国当前背景下的有效性。

2.4 农地与农地流转相关理论

随着我国经济社会的发展,农村地区的农地流转日渐普遍。要理解这一现象,首先需要对与农地和农地流转相关的基础理论进行梳理。与其密切相关的包括经典马克思地租理论、西方产权理论和制度变迁理论、规模经济理论。几种理论分别从农地流转的本质、农地流转产权界定、制度变迁和产权演进、农地流转的经济意义视角,对农地流转这一现象进行了理论解读。

2.4.1 地租理论

早在17世纪,英国经济学家威廉·配第就在其代表作《赋税论》中提出了级差地租的概念,认为地租是土地上生产的农作物所得的剩余收入。经济学鼻祖亚当·斯密(1972)在经济学开山之作《国民财富的性质和原因的研究》(即国富论)中系统地研究了地租问题,提出地租是使用土地的代价这一观点。大卫·李嘉图在其1817年发表的《政治经济学与赋税原理》一书中,建立了比较完备的地租理论。大卫·李嘉图否定了绝对地租,创立了差额地租理论,其主要观点为,地租高低取决于土地的有限性、土地的位置和土地肥沃程度。

上述地租理论为古典地租理论,马克思和恩格斯在前人研究的基础上,批判性地吸收和扬弃之后,形成了完整的马克思主义地租理论。在《资本论》中,马克思系统地研究了地租形成的根本原因及其变动的一般规律,并将资本主义地租分为绝对地租、级差地租和垄断地租三种形式。马克思地租理论认为,地租具有社会历史范畴,特定形态的地租对应于不同性质的生产关系。土地所有权形式不同,地租产生形式也不同。对于地租的本质,马克思科学地揭示出,无论是何种形态的地租,均是土地所有权的实现形式。但无论采用何种形式,地租都是在土地所有权基础上、土地所有权和经营权分离背景下的产物。

在古典地租理论基础之上,形成了另一个分支,即现代西方地租理论。该派理论认为,土地本身是没有成本的,关键是土地配置是有成本的。由于土地可以用于多种用途,因而地租由机会成本与经济地租两个部分组成(李淑妍,2013)。机会成本是该土地用于某一用途所得获得的最高价值,而对于任何一种资源的有效需求而言,它的租金是由它的最高价值决定。经济地租的实质就是一种超额利润,即生产要素的实际收益减去机会成本的余额。

因而从马克思地租理论看来，中国当前的农地流转无非是转出方获得地租，转入方利用土地增加收益的过程。双方共同对土地产出进行一定形式的分配，这种分配或者为固定租金、分成租金，或者是混合租金。但与经典马克思主义不同的是，当前中国农村的土地流转属于集体所有，农户基于集体成员权能够长期、免费地享有稳定的土地承包权。在这种地权结构背景下，地租并不是所有权的表现形式，而是归属于拥有承包权的农户。那么在中国背景下，地租就不再是所有权的表现形式，而是农户承包权的体现形式。也有学者指出，当前中国所有权和承包权的两权分离，与中国历史上"田底权"和"田面权"的相分离是十分类似的（吴量恺，1984；李静，2013）。加之当前中国正在开展全国层面的新一轮农地确权（钱龙、洪名勇，2015），旨在保障农户拥有更加稳定、更长远的农地承包权，农地承包权的权能也更加丰富，实际上这种承包权已经接近准所有权。

2.4.2 产权理论

制度变迁理论是现代西方经济学流派中一个具有重要影响的分支，特别是对处于转型时期的中国而言，这一理论的影响尤其巨大，其代表人物科斯、诺斯、德姆塞茨、威廉姆森、张五常、巴泽尔等的著作和观点得到了广泛的传播。

在产权经济学看来，任何市场交易的顺利进行都必须满足一个前提，即产权的清晰界定。科斯（Corse，2013）认为，如果产权不清晰，那么必然会引起负的外部性，减少社会福利。诺斯和托马斯（2009）通过对西方崛起的考察，指出有效率的产权制度是经济发展的前提。巴泽尔（2002）则认为，产权虽然具有相对性，公共领域一直存在，各方都会为了获得这部分租金而进行非生产性竞争。但是随着信息和技术条件的变化，产权也会逐渐走向明晰化。产权逐渐清晰化的目标是为了降低交易费用。威廉姆森（2002）指出资产专用性、交易不确定性和交易频率会显著影响交易费用的高低，交易费用的高低则会影响交易能否达成和交易的活跃性（Dong，1996）。张五常教授（Cheung，1969）在其博士论文《佃农理论——应用于亚洲的农业和台湾的土地改革》中，创造性地将交易费用、风险规避和合约安排结合起来考察土地租赁和合约问题，指出交易费用和风险也会显著影响交易中的契约安排选择。

从产权视角来看，农地流转所涉及的农地所有权和承包权正是朝着产权清晰和降低交易费用的方向迈进的。长期以来，农村土地所有权不清晰、承包经营权不稳定，导致农民利益频繁受到损害，农户保护土壤和投资土壤的积极性不足（黄季焜、冀县卿，2012；俞海等，2002）。进城农民由于害怕失去土地，也不愿意轻易放弃土地，导致土地抛荒和粗放式经营。为改善土地资源配置效率，推动农地流转市场健康发展，近年来，中央政府开始高度重视农地承包经营权确权工作，并做出一系列重大部署，试图明晰农村土地所有权和农户土地承包权。

所有权方面，农村土地所有者缺位和混乱正逐渐得到改善。1986年《土地管理法》第八条则详细列举了"集体"的三种类型，即村农民集体、乡镇农民集体和村内农民集体对于集体代理人缺位问题，2004修订的《土地管理法》第十条进一步完善，规定上述三种集体土地分别由村集体经济组织或者村民委员会经营管理、乡镇农村集体经济组织经营管理和村内各该农村集体经济组织或者村民小组经营管理。2007年《物权法》第59条规定农村土地所有权"属于本集体成员"，表现出引入"成员权"来界定农村土地主体的意图。因而从立法演变来看，中央政府一直是希望明晰"集体"含义而非相反（钱龙、洪名勇，2015）。政府明晰土地产权的意图也可以从土地规章和国家政策演变中看出。为了应对土地制度频繁变更带来的产权模糊及遗留土地纠纷，国家土地管理局在1989年出台了《关于确定土地权属问题的若干意见》，在1995年出台《确定土地所有权和使用权的若干规定》，国土资源部也在2003年颁布了《土地权属争议调查处理办法》。2010年中央一号文件提出，各地应当按照"权属合法、界址清楚、面积准确"的原则，在3年之内把农村集体土地所有权确认到每个具有所有权的农民集体。2011年国土资源部等部门又联合下发《关于加快推进农村集体土地确权登记发证工作的通知》，要求加快完成农村土地的所有权登记工作。截至2012年底，全国农村集体土地所有权确权登记颁证率达到86%，标志着农村集体土地所有权确权工作的基本完成。

承包经营权明晰化方面，国家一方面不断延长和稳定农户承包权的期限，从15年不变转为30年不变，再转变为长久不变，以稳定农户预期；另一方面，致力于提升产权强度的农村承包权确权登记工作也在抓紧推进。2006年物权法将承包权归类为用益物权。2008年中央"一号文件"首次提出，要"加强农村土地承包规范管理，加快建立土地承包经营权登记制度"。2009年中央"一号文件"再次提出，要"稳步开展土地承包经营权登记试点，把承包地块的面积、空间位置和权属证书落实到农户"。同年，农业部下发《农村土地承包经营权登记试点工作方案》，确定在辽宁、江苏、云南等8省各选择1个村进行试点。在总结试点经验基础上，2013年中央"一号文件"进一步明晰全国农地确权时间表，提出要用5年时间基本完成农村土地承包经营权确权登记颁证工作，妥善解决承包地块面积不准、四至不清等问题。2014年和2015年，这一项工作进一步推开，试点省份逐渐增加。截至2016年，全国试点农地确权的省份已经达到22个。中央政府通过多种方式和多个渠道宣传，要通过农地承包经营权确权登记和颁证，做到"确实权、颁铁证"，给农民吃"定心丸"。在保障农民退路同时，促进农民外出就业和实现在城市稳定定居，从而最终有利于农地流转市场发育和实现农业规模经营。

2.4.3 制度变迁理论

诺贝尔奖获得者诺斯（North，1990）首次系统地提出了制度变迁理论，指出制度变迁的原因是为了节约制度成本和获取更高的制度收益。诺斯认为，制度变革存在路径依赖现象，路径依赖既可能带来规模报酬递增，也可能带来路径锁定，使得制度陷入低效率循环而不能自拔。拉坦（2000）侧重从技术变化视角来理解制度变迁，他认为科学和技术知识的进步降低了制度变迁的成本，从而有效促进了制度变革。林毅夫（2000）对制度变迁理论做了进一步深化，将制度变迁归纳为自下而上的诱致性制度变迁和自上而下的强制性制度变迁。前一类制度变迁主要是为了获得潜在利润，第一行动和第二行动集团有内在动力去自发推动制度变革，最终实现新的制度均衡（诺斯，2013）。后者则由以政府命令和法律形式引入和实行的制度变迁，是以国家强制力来保证而推动。

从制度变迁视角来看，中国农村土地流转有着明显的制度演化痕迹。在承包到户之前，中国农村土地所有权和经营耕作权均归于集体。由于无法有效激发农户积极性，因而整体效率很低，农业发展受限。为改变这一局面，农民群众自发进行变革，以安徽小岗村自发进行了包产到户为标志的自发性制度变革开始在农村以"星火燎原"之势发展。中央政策文件也逐渐从命令不允许，到开口子允许"边远山区"试点这一模式，再到正式认可和鼓励这一生产经营模式（杜润生，2005）。最终在1978~1984年，兼具国家强制性变迁和诱致性制度变迁特征的农村土地所有制演化形成了所有权属于集体，承包经营权属于农户的两权分离局面，并正式写入法律和政策文件，成为中国农村的基本经营制度。但是1984年后，土地承包到户的变革红利释放殆尽后（Lin，1992），农业又重新陷入了低谷。特别是在乡镇企业发展遭遇"瓶颈"，城乡人口流动管制逐渐放松时，面对巨大的城乡收入差距，为了改善家庭生计，即使面对诸多的城市歧视，数以亿计的农民仍然义无反顾地选择离开农村和农业进入城市务工。为了防止土地抛荒，外出农民开始将土地以出租、转让等方式流转给第三方，自发的农村土地流转市场开始形成（Zhang et al.，2004）。特别是在发达地区，这一趋势发展更早，发展程度也更高。截至2016年上半年，农村承包地中超过三成已经进入农地流转市场。

与所有权和承包权的分离相似，承包权和经营权的分离一开始是纯粹的诱致性制度变迁。农地流转的诸多形式中，普遍存在承包权和经营权的相分离。可以说，自从一部分农村人口尝试离开农村和农业后，这一自发的制度变迁就已经出现了。但是，承包权和经营权的相分离在实践运行中历经数十年，才最终在2015年中央"一号文件"中得到官方确认。"一号文件"正式提出了要推动农地产权的"三权分离",促使承包权和经营权相分离。2016年8月中央深化改革领导组第二十七次会议通过的《关于完善农村土地所有权承包权经营权分置办法的意见》,再次强调了要继续通过三权分置完善农村基本经营制度。这表明农地流转制度再次驶入了强制性变迁和诱致性变迁相结合的道路。

2.4.4 规模经营理论

土地规模经营理论最早可追溯至古典经济学家对土地规模报酬的探讨。英国经济学家威廉·配第和法国重农学派代表人杜尔阁,均认同土地规模报酬递减规律。马克思则高度认可农业规模化经营,认为小农规模小,生产技术落后,是分散、封闭的象征,最终会被大生产所排挤和淘汰,大生产才是农业生产的方向。

规模经营理论发展至今,主要分歧在于随着土地种植规模的扩大,是带来报酬递增还是会引来反转规律,目前仍无定论。支持规模报酬递增的一派认为,当土地规模偏小时,不仅造成土地资源浪费,而且由于投资的不可分性,会影响到机械和新技术的采用,不利于农业向商业化农业和现代农业转变。土地规模化经营可以提高土地产出率和劳动生产率,释放农业多余劳动力,降低生产成本,提高农产品产量(康喜平等,2005)。反对的一派则基于多国的实证研究,发现随着农地经营规模的增大,虽然劳动生产率得到了有效提升,但土地生产率会先上升后下降,并不存在土地报酬随着种植面积增大而增加的现象(许庆等,2011)。学界将土地生产率随着农户经营规模变大而下降的现象命名为"反转规律"(Sen,1962)。这一派主要从小规模农户可进行劳动兼业化、农业机械社会化服务视角来予以解释(田欧南,2012)。

如果存在报酬递增规律,我们也不可能为了获得报酬递增而人为推动土地集中规模经营。当前土地的社会保障功能不允许我们这样冒险。同样,即使存在"反转规律"(inverse relationship),我们也不可能维持小农规模来保障土地单产不下降,因为土地集中经营和种植规模扩大已经成为多个国家的普遍现象。以美国为例,其家庭农场数从1935年的680万个下降至2013年的210万个。同样的现象也发生在巴西、乌克兰、印度、日本、韩国、法国、德国、澳大利亚等国家(倪国华、蔡昉,2015),这表明土地经营规模的不断集中是工业化和城镇化发展的必然结果(Rboert and Lucas,2004)。中国农村土地呈现高度细碎化,且人均占有土地面积少,不足世界平均水平的一半。伴随着改革开放与中国经济的腾飞,越来越多的农户能够进入城市非农产业务工,则为中国农业带来了历史性的契机。人口大量离开农业和农村,有效促进了农地流转市场的形成,中国农户的种植规模也在慢慢增加(洪名勇、龚丽娟,2016)。因而正确的做法就是尊重农民的主体性,尊重市场规律,让农户权衡是留守农业还是进城务工。这意味着我们不能仅仅讨论"反向规律",或者规模报酬递增规律,而且应该立足农地不断集中、农户种植规模逐渐扩大这一现象与趋势,做出相应的对策。

2.4.5 农地理论评述

在上述分析中,我们系统地回顾了与农地和农地流转相关的地租理论、产权理论、制度变迁理论和规模经营理论。地租理论让我们深刻洞察了农地流转的本质在于土地租金的实现,地租是所有权的实现形式。可见,马克思产权理论的这一认识先于西方产权理论。西方产权理论则侧重产权界定的意义,指出清晰的产权是交易的前提条件。制度变迁理论则指出了制度变迁的动力和演化路径。新制度经济学的两种理论对中国当前的农地产权产生了深刻影响,遵循渐进性原则,结合诱致性变迁和强制性变迁,当前中国农地产权也确实是朝着明晰化和稳定化的方向演进的。在新时期,随着国家日益强调要保持农户土地承包经营权长久不变,做到四至清晰、权利明晰。规模经营理论是当前推动农地流转的最为重要的一个理论基石,农地流转在一定程度上也实现了土地集中和规模经营。因而本书的研究实际上是建立在中国农村土地制度基本稳定,农户承包权的安全性、稳定性有保障的前提之上,通过理论与实证分析,阐述非农就业如何影响农地流转,是否通过流转和规模经营来影响农业生产性投入、农业劳动供给和农业生产效率。

2.5 相关文献评述

2.5.1 非农就业对农地流转的影响

非农就业对农地流转的影响是近20年来,国内农经学界十分关注的一个议题。自从农村人口大量向城市迁移以来,农村土地资源的再配置如何变化,就引起了学界的高度重视。关于非农就业如何影响农地流转的研究也十分庞杂,但总的来说可以区分为两大主流观点。

第一种观点认为,非农就业有效促进了土地流转(Kung,2002),土地流转市场在劳动力外出务工后逐渐发展壮大。外出务工户会因为劳动力减少和农业机会成本较高(田传浩、贾生华,2004),逐渐转出土地,而非务工户则会扩大规模经营来提升收入水平,从而有助于土地流转市场的形成(张璟等,2016),促进了农业规模经营,形成帕累托改善的良好局面(Zhang et al.,2004;廖洪乐,

2012)。

第二种观点则认为，非农就业并没有有效促进土地流转市场的形成，土地流转市场发育是滞后于非农就业市场的（叶剑平等，2006）。代表性的研究有刘芬华（2011）的农户控制权偏好假说，该理论认为农户有着强烈的农地使用权控制偏好，作为农户最后的保障，即使有非农就业存在，农户也不会轻易流转土地。贺振华（2006）则从人地禀赋视角进行解释，认为中国人多地少，即使一部分人外出务工，农户仍有余力耕种，从而不会形成土地流转市场。类似的，钱忠好（2008）则从家庭性别分工视角对此予以解释，指出在当前小农经营模式下，"男工女耕"的分工模式足以应付农业生产。李明艳等（2010）则从非农就业带来的收入增长效应出发，指出农户会通过增加购置劳动力节省型的机械和资本密集型投入，从而有效替代流失劳动力，从而非农就业不一定会促进土地流转。

总的来说，针对这一课题，即使在同一时代，不同学者根据不同的调查，得出了不一样的实证结论。随着外在环境和内在条件的变化，在不同阶段，非农就业和农地流转的相互关系如何，就更无法得出一致结论了。对于当前转型时期的非农就业如何影响农地流转，我们仍然需要基于典型代表性的数据，进行严谨的实证研究，才能够做出科学的判断。

2.5.2 非农就业对农业生产性投资的影响

在广大发展中国家，农户迁移和非农就业现象越来越普遍，这会如何影响农户生产决策和对农业的投资呢？国内外诸多学者对这一议题进行了探讨。De Brauw（2010）对越南水稻种植户的研究表明，农户外出务工后带来的收入增长，通常会用于购买农资。Bohra—Mishra（2013）对尼泊尔外出务工户的研究发现，这一类农户相比纯农户，购买化肥和农药的花费更多。类似的，国内的一些研究也发现，非农就业有助于农户加大对农业的投资。如钱文荣、郑黎义（2010）对中国江西省稻农的研究也证实，农户外出务工后，农户家庭在农业生产中会增加化肥购置。Zhao（2002）对中国6省的研究表明，非农就业能够显著促进农户购置农业机械。

但一些研究却发现，非农就业却会对农业生产性投资产生负面影响。国内研究方面，许庆、章元（2005）基于CERC/MOA中国农村居民问卷调查数据库，发现非农就业不利于农户进行农业方面的投资。刘荣茂、马林靖（2006）对南京市五县区农户的调查也表明，非农就业会促使农户减少农业投资。王子成、郭沐蓉（2015）基于中国城乡劳动力流动调查，也发现非农就业降低了农户购置农业生产性资产的水平。国外研究也可以佐证上述发现，如 Hennessy 和 Brien（2008）对爱尔兰的研究发现，非农就业会通过降低农业重要性来负向影响农户农业投资。Mathenge 等（2015）对肯尼亚的实证调查表明，非农收入增加后，农业生产方式渐趋粗放，农户会随之减少农业生产性资产的购置。

由于数据来源不一，国情和制度环境差异，对生产性投资内涵界定的差异，学界对这一议题依然是众说纷纭，究竟农户非农就业是增加还是会减少农业生产性投资，仍然有待进一步的研究。

就非农就业对农业生产性投资的机理研究而言，通过对文献的梳理，既有文献多强调以下几条路径：一是非农就业会通过造成农业劳动力损失来影响农业生产性投资。已有的文献多证实，农户会用资本密集型的投入来弥补劳动力损失，以此来保障农业生产的顺利进行（Wouterse，2010；钟甫宁等，2016）；二是通过提升农户家庭收入水平来促进农户增加农业生产性投资。外出务工扩展了农户家庭的收入约束边界，使得农户有能力去购置更多的新要素投入，特别是劳动力节省型的投入；三是收入增长带来的保险效应。新迁移经济学（NELM）将家庭成员外出务工作为家庭分担风险的一种生计策略。在一定程度上，非农就业和汇款收入则能够部分替代农业保险的功能，从而起到熨平收入波动的作用，增强农户投资农业的信心（Taylor and Wyatt，1996）。

但很少有学者从土地流转视角来研究这一议题。事实上，已经有少数学者意识到土地资源配置和劳动力资源配置是同步的（Arthi and Fenske，2016）。劳动力非农就业是否会通过土地流转来间接影响农业生产投资，仍然缺乏足够的证据。

2.5.3 非农就业对留守人员劳动供给的影响

非农就业会如何影响农户家庭留守人员的农业劳动供给呢？由于农户家庭的迁移多为渐进性的，农户家庭会按照劳动力的比较优势来配置劳动力资源，男性转移至非农产业的比例较高于女性，年轻人转移至非农产业的概率高于老年人，而女性和老年劳动力通常会被留守在农业（洪名勇、钱龙，2015）。因而，已有的研究多关注非农就业对留守女性和留守老人劳动供给的影响。

Lokshin 和 Glinskaya（2009）对尼泊尔国际移民的研究表明，男性劳动力外出务工后，家庭女性的就业率会随之下降。Binzel 和 Assaad（2011）对埃及的研究也得出类似结论。但 Wang（2016）基于墨西哥国际移民的研究却发现，男性移民对留守女性劳动供给没有影响。Dermendzhieva（2009）对阿尔巴尼亚国际移民的研究，也得出男性成员非农就业不影响女性劳动供给的结论。还有一些研究发现，男性外出务工后，女性的农业劳动负担加大。如 Mu 和 de Walle（2011）基于 CHNS 数据，证实中国农村男性劳动力外出后，女性农业劳动供给会增加。

针对非农就业对老年人劳动供给的国内外研究也有很多。Gibson 等（2009）

对汤加移民的研究表明，家庭成员的非农就业对老年成员的劳动供给并没有显著的影响。Cameron（2001）对印度尼西亚移民家庭的研究也表明，家庭非农就业并不能降低老年人的劳动供给。Chang等（2011）使用1997~2006年CHNS数据分析了中国情景下非农就业对老年成员劳动供给的影响，结果发现老年成员会因此而增加农业劳动供给。白南生等（2007）对安徽省三县的研究也证实，非农就业导致老年人的劳动负担加重。同样是来自中国的研究，杨志海等（2015）利用CHARLS 2011全国基线调查，却发现非农就业减少了中老年的农业劳动供给时间。

从上述研究来看，关于非农就业会如何影响留守成员，特别是留守女性和留守老人的劳动供给，仍然没有得出一致结论。

从影响机理方面，已有的研究主要从以下两条来阐述：其一是非农就业带来汇款和收入增长。当农户家庭非农收入增长带来家庭整体收入水平提升时，农业生产的重要性越来越低。农户就可能疏忽农业生产，减少对农业生产的劳动供给（Cao and Birchenall，2013）；其二是劳动力外出务工后导致的劳动力流失。当劳动力流失后，如果种植规模保持不变，留守人员就需要相应增加劳动供给，从而保障农业生产的进行（王子成，2015）。

但是既有研究忽略了一条可能的影响路径，即非农就业变化也可能导致种植规模变化（Gray and Bilsborrow，2014），即劳动力资源的再配置可能通过土地流转来改变土地资源配置，从而影响留守人员的农业劳动供给。这一路径是否存在，以及如何影响农户农业劳动供给，仍然缺乏相关的理论阐述和足够的实证检验，有待进一步的研究。

2.5.4 非农就业和农地流转对农业生产效率的影响

非农就业对农业生产效率也有十分重要的影响。国内外学者都对这一领域进行了诸多探讨。如Damon（2010）对萨尔瓦多的研究表明，农户家庭非农就业显著负向影响劳动生产率和土地产出率。李谷成等（2009）基于中国湖北省的研究，也发现非农就业始终负向影响土地产出率、劳动生产率。相反的发现也有很多，如李明艳（2009）基于省级面板数据，发现劳动力外出务工有助于提升农地利用效率。Taylor和López–Feldman（2010）对墨西哥移民家庭的研究也证实，劳动力外出务工有助于提升农户家庭土地生产率。当然也有一些研究发现，非农就业没有负向或正向影响农业生产效率。如Chavas等（2005）对冈比亚的研究、Feng等（2010）对江西省农户的调查，都发现非农就业对农业生产率的影响并不显著。可见，非农就业如何影响农业生产效率仍无定论。

虽然现有研究很少分析农地流转对农业生产性投入和农业劳动供给的影响，

但关于农地流转对农业生产效率影响的相关研究成果仍然较为丰富。通常而言，生产效率低的农户会转出土地，生产率高的农户则会更多地转入土地（Yao，2000）。因而土地流转总的来说会提升农业生产效率，主流文献都对这一结论表示支持。如 Jin 和 Jayne（2013）对肯尼亚农户、Deininger 等（2008b）基于印度的研究、Feng（2008）对中国江西和 Hoken（2012）对浙江两县的研究均发现，土地流转提升了农业生产率。但也有少数研究并不支持上述论断，指出如果要实现提升效率的目标，必须满足一定的条件。如贺振华（2003）认为，必须引入新的生产要素才可能达到提升农业生产效率这一目标，仅仅依赖土地流转自身无法达到预期。Deininger 等（2013）则以埃塞俄比亚的研究为例，指出土地流转发挥积极作用的前提在于土地流转契约是高效的。

但既往的研究仍然只是单视角的分析，仅仅从非农就业，或者仅仅从农地流转的视角来分析，很少有非农就业和农地流转同时对农业生产效率的影响研究，而这一点正是本书的创新点之一。

2.6　本章小结

本章为后续章节的研究的展开提供了理论准备，通过对核心概念内涵的界定，我们聚焦了研究对象和研究的问题。通过对基础理论和已有相关文献的梳理，奠定了后续研究的理论基石和文献基础。总结一下，我们对农户行为研究的立论基础是，当前中国农户的生计问题已经得到有效解决，目前关键是提升收入水平问题。因此，农户的主要动机可描述为风险可控前提下追求利润最大化。非农就业行为设定方面，我们主要采纳新移民经济学理论（NELM），基于家庭层面对农户家庭劳动力资源再配置进行分析，并基于此来分析家庭劳动力资源配置变化对土地资源配置变化的影响，对农业生产投入和留守人员劳动力投入，以及农业生产效率的影响。特别重要的，我们考虑了非农就业通过土地流转来间接影响农业生产。因而我们实际上是将农地流转这一行为，既看作农户外出务工背景下追求效益最大化的选择，另一方面也将其视为影响农户生产行为的一个关键节点。后续章节将建立在上述立论之上。

第3章 非农就业对农地流转的影响研究

3.1 引言

改革开放近40年来，中国农村劳动力大量向城镇和非农产业转移，形成了人类历史上蔚为壮观的"民工潮"。截至2015年底，中国农民工总量已达到2.77亿人。大量农村人口外出就业，在深刻改变中国城乡面貌的同时，也重新塑造着农户家庭的生产和生活。越来越多的农民家庭呈现出"半工半耕"特征（黄宗智，2007），农业呈现副业化，非农收入日益成为农民增收的最主要来源。目前，农民收入构成中，工资性收入占比已近40%。在新迁移经济学（NELM）看来，家庭劳动力从事非农就业不仅是为了实现家庭收益最大化（Sana and Massey，2005），更重要的是为了分散家庭风险（Dillon et al.，2011；Morten，2016），其本质是对家庭劳动力资源的再配置（Stark and Boom，1985；Stark，1991b）。在劳动力资源重新配置的同时，农户家庭通常也会重新配置家庭农地资源。问题的关键在于，农户是否选择市场化配置方式，通过土地租赁（流转）市场来达到土地利用效率的最优化呢？或者说劳动力要素市场发育能否促进土地要素市场发育？良好运作的农地流转市场能够将土地从生产效率低的个体向生产效率高的个体转移（Benjamin and Brandt，2002），有利于减缓土地细碎化（Tan et al.，2006），推进土地规模经营（Ji et al.，2016），提升农业生产效率（Deininger et al.，2013；冒佩华等，2015），最终提升流转双方福利（Jin and Deininger，2009；李庆海等，2011；陈飞等，2015），实现帕累托改进。

一些研究表明，在经济激励的引导下，农户确实会根据家庭人地比例的变动将土地资源进行市场化再配置（Carter and Yao，2002），非农就业有效促进了农地流转市场发育（Yao，2000；Kung，2002；Zhang et al.，2004；廖洪乐，2012；钟涨宝等，2016），非农就业越普遍的地方农地流转市场越发达（De Brauw et al.，2002；包宗顺等，2009；张兰等，2015），非农就业率高的农户家庭参与土地流转市场的概率也较高（林善浪等，2010；张璟等，2016）。之所以如此，一方面这一类农户家庭缺乏足够的农业劳动力，另一原因则是非农就业带来的机会成本上升（姚洋，1999；田传浩、贾生华，2004），因而理性的农户通常会将土地流转出去（Xie and Jiang，2016）。另一方面，农业生产效率高、劳动力充裕的家庭为扩大经营规模和提升家庭收入也有着转入土地的动力。供需双方提升自身效用的激励共同推动了土地流转市场形成和繁荣（Deininger and Jin，2008b；赵光等，2012）。

但也有一些研究指出，由于农村社会保障缺失（许恒周等，2011）、交易费用过高（钱忠好，2002）、人地禀赋限制（贺振华，2006）、农业效益低下（江淑斌、苏群，2012）、农户控制权偏好（刘芬华，2011）、土地流转中介缺失（陈姝洁等，2015）等因素的限制，农地流转供给远远滞后于市场需求，导致非农就业并没有很好地促进农地流转市场的形成，农地流转市场发育远远滞后于劳动力市场（马瑞等，2011）。如叶剑平等（2006）对17省（市）的农地使用权调查发现，1999~2005年，样本农户非农就业比例增加了近20个百分点，但农地流转并没有显著增加。另据农业部经管司统计，截至2007年末，全国农村土地承包经营权流转总面积达6372万亩，仅占家庭承包耕地总面积的5.24%。在解释为何非农就业不能够导致农地流转的研究中，钱忠好（2008）的研究颇具代表性。基于家庭内部性别分工理论，钱忠好认为，家庭会最大限度地利用成员的分工优势，实现收益最大化和风险最小化（弗兰克·艾利思，2006）。在当前小农经营模式下，"男工女耕"式的非农就业并不必然带来农地转出。另一种代表性观点则从非农就业的收入效应视角予以解释（李明艳等，2010），指出虽然劳动外出务工会带来劳动力损失，但是由于非农收入的增加导致农业生产资金约束减缓，使得农户能通过增加雇工和机械投入来替代家庭外出劳动力（Yang et al.，2013；Wang et al.，2016），因而非农就业不一定导致土地转出，进而导致流转市场发育滞后。

更具挑战性的是，农地流转市场也会反向影响非农就业市场（Yang，1997；陈会广等，2012；Wang，2013；田传浩、李明坤，2014）。Mullan等（2011）和Deininger等（2014）对中国，De Brauw和Muller（2012）对埃塞俄比亚、De Brauw等（2014）对撒哈拉地区非洲国家、De Janvry et al等（2015）对墨西哥的研究均证实，当农户土地流转权利受到限制、土地租赁市场发育缓慢时（Yan et al.，2014），劳动力向城市和非农产业的转移就会受到负面影响（范毅，2014）。相反，流转顺畅的农地市场能够解放家庭农业劳动力，提升农户家庭成员非农就业率（Willmore et al.，2012），这一点也得到诸多研究的证实。如Wang等（2007）对中国农户家庭劳动力配置的研究、Do和Lyer（2008）对越南农户非农劳动供给的研究、Chernina et al.（2014）对俄罗斯国内城乡移民的研究、Valsecchi（2014）对墨西哥国际移民的研究均发现，发达的农地租赁市场有助于非农就业市场的繁荣。那么，如此一来我们面临着一个问题：土地流转是非农就业的结果还是原因？因而在研究非农就业对农地流转的影响时，就不得不考虑如何处理内生性问题。遗憾的是，绝大部分实证研究都没有进行处理，只有Yao（2000）、Kung（2002）、黄季焜等（2012）等少数学者进行了较好的处理。

另外需要指出的是，当前中国农村劳动力的供给已经呈现出诸多新特征。首先，农业劳动力老年化日益严重，农业步入老年化时代。由于农业的低效益，年轻劳动力大量外出务工而非从事农业生产。2005年，18~25岁全职从事农业生产的年轻劳动力的占比已不足6%（Huang et al.，2012）。年轻人的外流直接导致了农村人口老年化加剧和农业劳动力的老年化（Stloukal，2001），根据全国层面人口普查数据，2010年农业从业人员平均年龄为44岁，45岁及以上人口所占比例高达47.1%（刘妮娜、孙鹃佩，2015）。按照联合国国际劳工组织的划分，45岁及以上的劳动力即为老年劳动力，这意味着当前我国农业已经迈入老年化时代。其次，农业劳动力女性化趋势进一步加重（De Brauw et al.，2013）。在传统农业中，男性因其体力优势而担负主要责任。但随着城乡收入差距扩大和非农就业机会增加，农户会按照生产率比较优势重新配置家庭劳动力，男性劳动力的受教育水平和体力优势使其更可能进入非农产业，使得中国农村家庭逐渐演化为"男工女耕"的分工模式。随着大量男性劳动力转移至非农产业，农业生产中的女性比例逐年上升。中国健康与营养调查数据（CHNS）显示，男性的农业生产参与率从1997年的77%下降至2006年的55.3%，而女性的参与率虽然也从76%下降至56.4%，但留在农业领域更多的还是女性（Mu and De Walle，2011）。2006年第二次全国农业普查数据显示，女性农业从业人员占农业从业人员的53.16%，超过了男性（原新、刘厚莲，2015）。

与此同时，诸多调查发现，2008年以来农地流转正在加快推进。如清华大学中国农村研究院2014年对19个省（市）220个村庄4719户农户的问卷调查证实，2008~2013年间，样本农户的土地流转比例增长了66.9%，平均每年增加13.38%（任晓娜，2016）。钱忠好、冀县卿（2016）对江苏、广西、湖北和黑龙江省104个村庄1113户的农户调查也发现，样本村农地流转比率从2007年的9%增加到2013年的21.99%。农业部发布的全国性统计数据表明，全国农地流转比例自2008年以来快速上升，相比2007年提高了3.6个百分点。2014年这一比例快速上升至29.43%，这意味着2008~2014年农村土地流转平均每年增长2.94%。因此，既有研究强调的农地流转滞后局面，尤其是农地流转供给滞后于需求的现象可能发生了改变。

总体而言，既有的关于非农就业与农地流转的研究并没有定论。且既有研究数据陈旧，样本量较小和缺乏全国代表性，面对快速发展的农地流转市场和不断变化的非农就业市场已无法回答新时期非农就业市场会如何影响农地流转市场。有鉴于此，本书利用北京大学 CFPS2010 和 CFPS2012 的微观大样本数据，基于新迁移经济学理论（NELM），从农户家庭层面分析了转型时期非农就业对农地流转的影响。考虑到土地转出市场和转入市场的异质性，本书着重分析了非农就业对土地转出和转入的差异化影响。鉴于非农就业和农地流转可能存在因果关系，本书还综合使用代理变量法、工具变量法等方法来处理这一问题，从而使得研究结论更具可靠性。

本章后续安排如下：3.2 为理论分析框架，在此基础之上提出研究假说。3.3 介绍了数据来源，并对变量设置和模型选择进行说明。3.4 为基本结果与分析，首先进行描述性分析，进而展示基准模型回归结果。3.5 是稳健性检验和进一步讨论，3.6 为本章小结。

3.2 理论分析框架

农户行为理论是农业经济学和发展经济学的一个经典命题，"理性小农"（代表人物舒尔茨、波普金）和"生存小农"（代表人物恰亚诺夫、斯科特）之争仍在继续（马良灿，2014）。虽然两派的价值论和方法论存在很大差异，但仍有共通之处。两种理论在本质上都主张农户为最优化农户（Lipton，1968），行为选择是为了达到家庭目标最大化；分歧则在家庭目标界定方面，即农户是追求利润最大化还是风险最小化（弗兰克·艾利思，2006）。然而，无论是"理性小农"还是"生存小农"都无法单独描绘出农户面貌，现实中的农户类型也并非是非此即彼。在不同的发展阶段、面对不同的情景，农户会在利润最大化和风险最小化之间进行权衡和转换。

就我国当前发展阶段而言，农民的生存问题已经得到有效解决。2015 年，全国农民人均收入已突破一万元，进一步提高收入水平和改善生活是转型时期的主旋律。另外，近些年来，中央政府出台一系列政策文件和法律法规，试图稳定和强化农户的承包经营权。2003 年，承包经营权 30 年不变和承包期内不得调地被写入《土地承包法》；2007 年《物权法》将其界定为"用益物权"。2008 年中共十七届三中全会明确提出"现有农村土地承包关系要保持稳定，并长久不变"。2009 年中央一号文件提出要"稳步开展土地承包经营权登记试点，把承包地块的面积、空间位置和权属证书落实到农户"。2013 年中央一号文件进一步明晰全国农地确权时间表，提出要用 5 年时间基本完成农村土地承包经营权确权登记颁证工作。目前，已经有 22 个省正在开展这一工作。可以说，农户的承包经营权正朝着长期化、稳定化和清晰化的方向持续演进。在中央政策的引导下，当前农村地区的土地调整无论是大调整还是小调整的频率都大大降低了（Kung，2000）。中国科学院农业政策研究中心对5省的两次追踪调查显示（冀县卿、黄季焜，2013），农地大调整的比例从1997~1999年间的11%下降到2000~2008年间的1%，农地小调整的比例也从1997~1999年的35%下降到2000~2008年的7%。因而，农民失去土地的风险大大降低。在生存问题得到有效解决、失去土地风险可控的前提下，农村土地的生产要素功能会逐渐强化、农民理性也会逐渐从生存理性转变为经济理性（钱龙等，2016a）。即农户家庭已经具备按照"利润最大化"目标来配置家庭劳动力资源和土地资源的外在条件（Deininger et al.，2008）。

根据新迁移经济学理论（Stark，1991a；Taylor and Martin，2001），假定实现农户效用最大化的决策主体并非是个人，而是作为经济社会基本单位的家庭。家庭作为一个独立和理性的决策单位，会统筹安排劳动力资源和土地资源（Arthi和Fenske，2016），而所有的家庭成员都会为提升家庭收益最大化而努力。同时，借鉴Bardhan和Udry（1999）、Deininger和Jin（2008a）的农户模型，我们尝试构建标准农户模型来分析非农就业对农户土地转入和转出的影响。

假定土地市场和城乡就业市场是完善的，农户家庭成员总数为L^{total}。为了实现家庭收益最大化，家庭劳动力中专门从事农业生产的有L^{farm}，专门从事非农就业的有L^{out}。为简便分析而不失一般性，我们假定劳动力同质、非农就业的成员工资均为W，村内雇佣农业劳动力的工资为W^{farm}。农民投入自家农业生产的劳动力也需要计算成本，其劳动力价格也为W^{farm}；当家庭中从事农业劳动力不足时，农户雇佣的农业帮工为L^{gy}。农户家庭自有的土地数量为A^{own}。当家庭部分劳动力L^{out}从事非农就业时，留在农业领域的劳动力L^{farm}不足以应付农业生产时，农户家庭会相应租出土地面积A^{out}；而留在农业领域的劳动力还有余力扩大土地种植规模时，会租入土地面积A^{in}。且对于农户来说，一旦选择租出就不会选择租入，反之亦然[①]。单位土地租赁（租入和租出）价格为r。为简便分析但不失一般性，我们进一步假定农户只种植一种农作物，农作物单位土地面积产出为Y，农产品市场价格为P，单位土地需要投入劳动力l，除劳动力外，每单位土地需投入其他成本C。

对于转出土地的那部分农户，其家庭收入为：

$$\pi_1 = wL^{out} + (A^{own} - A^{out})(PY - lw^{farm} - C) + rA^{out} \tag{3.1}$$

约束条件为：

$$L^{total} = L^{farm} + L^{out} \tag{3.2}$$

$$(A^{own} - A^{out})l \leq L^{farm} \tag{3.3}$$

---

① 实际上，诸多微观调查也显示，同时进行租入租出的农户在农户整体中的比例也不高。

(3.2) 式和 (3.3) 式表明转出户会在家庭劳动禀赋条件约束下安排非农和农业劳动力。将 (3.2) 式和 (3.3) 式带入 (3.1) 式，并对 A^{out} 求导。令 $\delta\pi_1/\delta A^{out}=0$，结果为：

$$lw + r = PY - C - lw^{fram} \tag{3.4}$$

此时，农户土地转出达到均衡，家庭收入达到最大化。(3.4) 式的含义为，当单位土地投入劳动力从事非农工作的机会成本加上土地租金收入等于单位土地的农业纯收入（总收入－总成本）时，农户土地转出达到均衡。

同理，对于转入土地的那部分农户，其家庭总收入为：

$$\pi_2 = wL^{out} + (A^{own} + A^{in})(PY - lw^{farm} - C) - rA^{in} \tag{3.5}$$

其约束条件为：

$$L^{total} = L^{farm} + L^{out} \tag{3.6}$$

$$(A^{own} + A^{in})l = L^{farm} + L^{gy} \tag{3.7}$$

(3.6) 式表示转入户对农业劳动力配置，(3.7) 式表示当农业劳动力不足时，转入户会通过雇工市场来补充农业劳动力。将 (3.6) 式和 (3.7) 式一并代入 (3.5) 式，并对转入面积 A^{in} 求导，令 $\delta\pi_2/\delta A^{in}=0$，结果为：

$$PY - r - C - lw^{fram} = lw \tag{3.8}$$

可见，转入户也会在单位土地农业纯收入等于单位土地需要的劳动力从事非农就业的工资收入时达到均衡，这一点和转出户并无二致。

在标准农户模型中，农户面临的是完美劳动力市场和土地流转市场，在既定的土地和劳动力资源禀赋条件下，当单位土地农业纯收益等于单位土地所需劳动力从事非农就业带来的收入等同时，家庭收益达到最大化。但在现实情景中，不同区域的农地市场、劳动力市场、农业生产条件很不同，不同家庭的劳动力禀赋（质量和数量）、所从事的农业生产也有较大差异。因而在诸多外在约束和内在条件的影响下，不同农户家庭面临"收入最大化均衡点"有很大差异。考虑到不同家庭的比较优势，有的农户家庭非农就业能力更强，而另外一些农户家庭农业种植能力更强（Carter and Yao，2002；罗必良、郑燕丽，2012）。理性农户按照比较优势来安排家庭劳动力，那么，最终不同的农民家庭会逐渐分化（钱龙等，2015a），细分为非农户、以农业为主的兼业农户、以非农为主的兼业农户和纯农户（廖洪乐，2012；张忠明、钱文荣，2014）。

在上述四种类型农户中，非农户家庭的非农就业率最高，对非农户而言，由于农业领域缺乏劳动力以及非农就业机会成本高，通常此类农户会将土地完全流转出去（A^{own}）。兼业农户的非农就业率居中（$0 < L^{out}/L^{total} < 1$），这一类家庭保留一部分劳动力在农业生产领域，另一部分从事非农工作来实现家庭收益最大化。由于家庭内部结构性差异（如家庭成员年龄、性别、技能差异等），部分兼业型家庭农业劳动力无法继续耕种 A^{own}，另一些家庭留在农业领域的劳动力却还

有能力转入一部分土地。为改善家庭福利，前者有动力将部分土地流转出去（$0 < A^{out}/A^{own} < 1$），而后者可能会额外转入土地 A^{in}（$A^{in} \geq 0$）。考虑到兼业化农业家庭通常是年轻劳动力转移至非农产业（Kirstensen and Thomsen, 2013），农业领域通常为老年人和女性（Oizumi et al., 2006），老年人和女性由于自身文化素质不高、健康水平下降，很难有能力扩大农业生产，因而随着农户家庭非农就业率上升，留在农业领域的劳动力数量和质量进一步恶化，兼业型农户转出土地的概率会逐渐上升（张璟等，2016）。具体而言，主要依靠农业收入的兼业农户，留在农业领域的劳动力也较多，转入土地可能性较大，转出土地可能性较低。主要收入来源为非农收入的兼业农户，由于劳动力多转移至非农领域，农业劳动力的缺失会提高这一类型农户转出土地的可能性、降低转入土地的需求。纯农户的家庭劳动力均留在农业生产领域，由于农业劳动力充足，这一类型农户基本不会转出土地。同时，为提升家庭收入水平，纯农户有着很强的动力去转入土地。

总的来看，非农就业率高的农户家庭，由于缺乏农业劳动力，是土地转出市场的主要供给者，非农就业率较低的农户，由于农业劳动力较多，则是土地转入市场的主要需求方。基于上述分析，提出下述假说：

假说1：随着农户家庭非农就业率的提升，农户越可能转出土地。

假说2：随着农户家庭非农就业率的提升，农户越不可能转入土地。

3.3 变量设置与模型选择

3.3.1 变量设置与说明

1. 非农就业

非农就业是本书的关键解释变量，如何测度农户家庭的非农就业情况，有研究使用"是否有家庭成员外出非农就业"来表示（程令国等，2016），也有研究使用"家庭非农劳动力人数"（Zhang et al., 2004；马贤磊等，2015）、"非农收入占家庭总收入比例"（张锦华等，2016）来度量。但考虑到非农就业的本质是家庭劳动力资源的再配置，因而本书借鉴 Kung（2002）和马瑞等（2011）的研究，使用"非农劳动力占家庭总劳动力之比"来表示。

2. 农地流转

既有研究多选择"农户家庭是否参与农地流转"来测度其土地流转行为（Feng and Heerink, 2008；Jin and Deininger, 2009；冷智花等，2015），同时，也有部分研究使用"土地流转比例"这一变量（Lohamar et al., 2001；Deininger and Jin，2005）。本书同时采纳两种测度方式。需要指出的是，耕地是绝大部分农民拥有的农地类型，流转其他类型土地（林地、牧地、池塘等）的样本量较少，且只有耕地对农民的生产生活具有根本普遍的意义（唐浩等，2011；朱建军、胡继连，2015），因而本书仅仅分析的是农户流转耕地（水田和旱地）行为，并不包括其他类型的农地流转。

3. 工具变量

农户家庭非农就业会对其农地流转行为产生影响，反过来，农地流转也可能会影响到非农就业。因而为减缓内生性问题，需要引入合适的工具变量。良好的工具变量需要满足以下两个条件。其一是对非农就业有显著的影响；其二是对农地流转来说是外生的。考虑到农户外出非农就业过程中家庭社会网络在其中发挥着不可替代的作用（Knight and Yueh，2008；郭云南和姚洋，2013），诸多文献证实，社会网络在农户外出务工决策中扮演者十分重要的作用（Chen et al.，2008），良好的社会网络有利于农户外出和找到合适的工作，获得的工资水平也可能更高（叶静怡、武玲蔚，2014）。参照既有研究，本书使用"农户家族是否有族谱或家谱"来指示其家庭社会网络特征（Tsai，2004；林建浩等，2016）。相对而言，这一变量相对于农户土地流转是外生的，因而引入以"是否有族谱或家谱"这一能表示家庭社会网络的变量作为工具变量。

4. 控制变量

为控制其他可能影响农地流转的因素，参照已有文献（章元、陆铭，2009），进一步引入家庭人口特征、农村雇工特征、土地特征、家庭资产特征、农业机械特征、村庄特征、区域特征共六种类型控制变量。具体而言：（1）家庭人口特征包括家庭劳动力人数、家庭成员平均年龄、家庭成员中女性比例三个变量，以控制家庭劳动力禀赋、家庭生命周期老年化、性别分工和女性化的可能影响。（2）农村雇工市场特征以农村雇工日均工资水平（对数）来表示，以控制雇工市场可能的影响。（3）农地禀赋特征以家庭人均承包地面积来表示，以控制家庭土地禀赋的影响。（4）家庭资产特征以家庭净资产（对数）来表示，以控制家庭财富水平的影响。（5）农业机械特征以家庭拥有的农业器械价值（对数）来表示，以控制农业机械化的影响。（6）村庄特征包括以下五个变量：村庄经济水平、村庄老年化程度、农业女性化程度、交通便利性、村庄地理地貌，以控制村庄层面可能的影响。（7）区域特征以省份虚拟变量来表示，以控制区域层面不可观察的其他因素。

其余控制变量方面，有研究指出土地租金水平（Varnken and Swinnen，2006）和土地产权稳定性（Holden，2011；程令国等，2016）也很重要。遗憾的是，CFPS 2012 中提供土地租金水平的农户样本过少，因而无法引入这一变量。幸运的是，村庄经济水平和村庄地理位置能够部分反映出土地租金水平，经济水平较高、距离县城较近的村庄租金水平相对较高。CFPS 2012 也没有提供村庄土地调整或土地确权方面的信息，然而，正如我们在前述分析中指出的，当前中国农村的土地调整频率已经大大降低（冀县卿、黄季焜，2013）。特别是在 2008 年后，农地确权工作在全国逐渐展开，农民的承包经营权相对而言十分稳定（叶剑平等，2010）。因而就本书而言，是否引入土地产权稳定性这一控制变量影响不大。

表 3-1 概括了所有变量的定义及统计学特征，其中家庭社会网络和村庄层面变量（包括雇工工资、村庄经济水平、村庄老年化程度、农业劳动力女性化、交通便利性、村庄地理地貌）来自 CFPS 2010，其余变量均来自 CFPS 2012。

表 3-1　非农就业与农地流转模型中变量定义及描述性统计

变量名称	变量定义	均值	标准差
土地转出	1 = 农户参与土地转出；0 = 没有	0.12	0.32
土地转入	1 = 农户参与土地转入；0 = 没有	0.15	0.36
土地转出率	土地转出面积×100/家庭承包地面积	7.13	23.63
土地转入率	土地转入面积×100/家庭总耕种面积	9.22	23.21
非农就业率	非农劳动力×100/家庭总劳动力	61.73	27.82
家庭社会网络	是否有族谱或家谱：1 = 有；0 = 没有	0.25	0.43
劳动力人数	家庭总劳动力人数（人）	1.65	0.93
平均年龄	家庭成员平均年龄（岁）	35.04	15.22
女性比例	家庭成员中女性比例	0.54	0.18
雇工工资水平	村庄雇工日均工资水平（元，对数）	4.03	0.36
农地禀赋	家庭人均承包地面积（亩/人）	1.57	2.42
家庭净资产	家庭总资产 - 家庭总债务（元，对数）	11.27	1.19
农业机械	家庭拥有的农业器械价值（元，对数）	2.82	3.60
村庄经济水平	本村居民人均纯收入（元，对数）	7.85	0.89
村庄老年化程度	常住人口中 60 岁及以上人口比重（%）	16.62	9.77
农业劳动力女性化	农业劳动力中女性占比（%）	46.78	19.25
交通便利性	村委会到县城所花的时间（小时）	1.12	1.71
村庄地理地貌	1 = 丘陵；2 = 高山；3 = 平原；4 = 其他	2.19	1.05

3.3.2　模型选择

当选择"农户家庭是否有土地转出"或"农户家庭是否有土地转入"时，

由于被解释变量是二元变量，因而选择二元 Probit 模型。选择家庭土地流转率作为被解释变量时，由于土地流转率在 0~1 之间，适合选择 Tobit 模型。本书基准模型设定如下：

$$R_{vi} = w_0 + a \times off\text{-}farm + \beta_i X_{vi} + \gamma_v C_v + \delta P + \varepsilon_{vi} \tag{3.9}$$

其中，R_{vi} 是我们所关注的村庄 v 农户家庭 i 的土地流转行为，包括是否转入或转出、土地转入率或转出率。变量 off-farm 为农户家庭非农就业率，我们通过关注系数 a 的显著性和方向来判断非农就业对农地流转的影响。X_{vi} 和 C_v 分别表示农户家庭层面和村庄层面的特征变量，以控制家庭层面和村庄层面可能的影响。变量 P 为省际虚拟变量，以控制不可观察的区域特征变量对农户土地流转行为的影响。ε_{vi} 为随机扰动项。

3.4 基本结果

3.4.1 描述性分析

从整体层面来看（表 3-1），农村土地流转较为活跃。样本农户参与土地转出的比例达到 12%，参与土地转入的农户比例也达到 15%，总的参与率为 27%。这与全国层面数据相近，一方面说明样本具有很好的代表性，另一方面也表明农地流转市场发育的滞后性大为改观。从村庄层面来看，农村人口已经进入老年化，常住人口中 60 岁及以上人口比重已经达到 16.6%，远高于城市老年化程度。村庄层面的农业劳动力女性化占比为 46.8%，表明农业生产并未呈现明显的女性化。与此同时，农户家庭非农就业率平均达到 62%，表明超过一半的家庭劳动力转移已经至非农产业，农业领域有大量剩余劳动力的可能性已经不大。

分样本统计结果显示（见表 3-2），转出土地农户家庭的非农就业率远高于土地转入农户，推测非农就业高的家庭更可能转出土地。从家庭规模和劳动力人数来看，转出户均少于转入户，表明劳动力禀赋可能会影响农户土地转出与转入行为，劳动力充足（不足）的家庭转入（转出）土地的可能性较高。从家庭成员平均年龄来看，转出户接近 40 岁，而转入户只有 34.4 岁，推测家庭成员平均年龄可能会对转入转出有一定影响。转出户和转入户家庭的女性成员比例并没有明显差异。从农地禀赋来看，中国农户依然是传统的小农，户均承包土地人均不超过 1.6 亩。但土地转出户家庭人均耕地面积稍大，推测农地禀赋高（低）的家庭更可能转出（转入）土地。从农业机械使用来看，土地转出户拥有的农业机械远远低于土地转入户，猜测拥有较多农业机械的农户家庭更可能转入土地。

表 3-2　　　　　　　　转入户与转出户特征的描述性统计

变量	土地转出户		土地转入户	
	均值	标准差	均值	标准差
非农就业率	79.43	28.09	54.54	23.42
家庭规模	3.71	1.91	4.36	1.67
劳动力人数	1.03	1.00	1.99	0.76
平均年龄	39.93	18.56	34.4	14.61
女性比例	0.54	0.21	0.53	0.17
农地禀赋	1.54	2.85	1.41	1.60
农业机械	1.48	1.89	4.26	3.86

3.4.2 基准模型

结果发现（见表3-3），在控制家庭层面、村庄层面和区域层面可能的影响后，非农就业在1%的显著性水平上正向促进农户转出农地行为和提升土地转出率，即假说1成立。由于基准回归控制住了女性比例，因而也间接地表明，对当前农地流转市场而言，部分学者推测的家庭性别分工会阻碍土地转出（钱忠好，2008；李明艳等，2010），进而土地流转市场会因土地转出不足而发展滞缓的推断并不成立。同时，非农就业分别在5%和10%的显著性水平上负向影响农户土地转入行为和土地转入率。即非农就业负向影响农户家庭转入土地，这与Kung（2002）、黄枫、孙世龙（2015）的研究保持一致，假说2也通过了检验。

表 3-3　　　　　　非农就业与土地转入、转出的基准回归结果

变量	是否转出	是否转入	土地转出率	土地转入率
非农就业	0.0092***	-0.0028**	0.0120***	-0.0018*
	(-6.34)	(-2.49)	(-5.96)	(-1.95)
劳动力人数	-0.2240***	0.1930***	-0.2860***	0.1520***
	(-5.40)	(-5.75)	(-5.02)	(-5.43)
平均年龄	-0.0001	-0.0054*	-0.0001	-0.0056**
	(-0.04)	(-1.83)	(-0.02)	(-2.32)
女性比例	-0.2190	-0.3620**	-0.2980	-0.3620***
	(-1.34)	(-2.42)	(-1.38)	(-2.98)
家庭净资产	0.0250	0.0884***	0.0378	0.0675***
	(-1.04)	(-3.68)	(-1.15)	(-3.39)
农业机械	-0.0398***	0.0497***	-0.0475***	0.0412***
	(-4.65)	(-7.76)	(-4.14)	(-7.84)

续表

变量	是否转出	是否转入	土地转出率	土地转入率
雇工工资	0.1150 (-1.42)	0.0472 (-0.69)	0.1490 (-1.43)	0.0639 (-1.17)
农地禀赋	0.0085 (-0.72)	-0.0615*** (-4.31)	0.0262** (-2.26)	-0.0879*** (-7.01)
村庄经济水平	0.0330 (-0.99)	-0.2080*** (-7.47)	0.0056 (-0.13)	-0.1750*** (-7.51)
村庄老年化程度	-0.0040 (-1.36)	-0.0109*** (-4.18)	-0.0075* (-1.90)	-0.0077*** (-3.69)
农业女性化程度	0.0010 (-0.71)	0.0006 (-0.49)	0.0002 (-0.09)	0.0003 (-0.32)
交通便利性	-0.1980*** (-4.76)	-0.0330* (-1.94)	-0.2350*** (-4.11)	-0.0220* (-1.72)
村庄地理地貌	-0.0119 (-0.45)	-0.0564** (-2.44)	0.0257 (-0.74)	-0.0706*** (-3.76)
省份	已控制	已控制	已控制	已控制
常数	-2.0580*** (-4.37)	-0.0834 (-0.20)	-2.4330*** (-3.90)	0.1470 (-0.42)
sigma			1.2110*** (-20.52)	0.8290*** (-31.11)
观测值	4546	4531	4112	4116

注：***、**、* 分别表示1%，5%和10%的显著性水平，下同。

非农就业虽然导致了家庭农业劳动力流失，但非农就业带来家庭收入的增长，使得留守人员能够通过雇佣劳动力和购置农业机械来替代流失劳动力（Deininger and Jin, 2005；Wang et al., 2016）。结果显示，农业机械确实发挥着重要的影响，显著地正向促进农地转入需求，同时显著降低农户土地转出倾向。但雇工对土地转入或转出的影响均不明显，表明当前雇工市场的作用尚未体现。

劳动力老年化和女性化对农地流转有何影响呢？基准回归表明，家庭生命周期老年化和村庄劳动力老年化均显著负向影响农户土地转入倾向和土地转入率，但二者对土地转出的影响未通过显著性检验。这意味着老年化已经对农地转入产生负面影响，不利于农地流转市场需求侧的发育。家庭成员中女性比例仅仅对农户土地转入需求有负面影响，对农户土地转出需求没有显著影响，而村庄层面农业劳动力女性化则对农地转入转出均未产生影响。因而，农业女性化在家庭层面会不利于土地转入，但在整体层面并不会对农地流转产生负面影响。当然上述判断有待进一步验证。

3.5 稳健性检验

3.5.1 代理变量回归

在基准回归模型中，我们使用 CFPS 截面数据，发现非农就业能够显著正向促进农户的土地转出，同时会负向影响农户的土地转入。然而，正如我们在前述分析中指出的那样，农地流转和非农就业可能存在反向因果关系。为了尽可能地缓解这种内生性，我们参照黄季焜等（2012）的做法，使用农户的非农就业历史来确保非农就业先于农地流转的决策。由于 CFPS 全国基线调查最早只能追溯至 2010 年，因而使用农户家庭 2009 年的非农就业率作为代理变量，再次进行拟合回归。结果发现（表 3-4），非农就业依然在 1% 的显著性水平上正向影响农户土地转出行为和土地转出率，但对土地转入的影响不再显著。即假说 1 再次得到证实，假说 2 不再成立。

由于使用代理变量再次回归后，假说 2 不再成立，为进一步保障研究结论的稳健性，我们还对模型中的其他变量进行了替代处理。具体来说，农业机械与农地流转也可能存在反向因果关系（Wang et al., 2007；Ji et al., 2012）。拥有更多农业机械的农户更希望扩大规模经营而转入土地，但转入土地的农户也可能会为了节省劳动力和提高劳作效率而增加农业机械的采购。因而参照非农就业率的替代方式，我们使用 CFPS2010 中提供的 2009 年"家里是否有拖拉机"这一变量（见表 3-4）来替代基准模型中的农业机械价值（对数）。考虑到家庭的半劳动力也会从事农业生产（程名望等，2008），能在一定程度上缓解劳动力短缺效应，因而我们将家庭劳动力数更换为家庭人口规模。农户是否雇佣额外劳动力从事农业生产更能清晰反映出雇工市场缓解家庭劳动力的功效，因而使用"农户去年是否增加雇工"来替代日均雇工工资水平[①]。考虑到省际层面控制还是相对宽泛，省域内村庄异质性也较强，因而将其替换为更为严格的县域层面虚拟变量（冷智花等，2015）。

通过上述处理，经过多次嵌套拟合回归[②]，我们依然发现，无论怎样替代，非农就业均显著地正向促进农户土地转出，而非农就业依然对农户的土地转入行为和土地转入率没有显著影响。

---

① 之所以在基准模型中没有使用这一变量是因为问卷中存在大量的缺失信息，导致样本损失过大。
② 为节省篇幅，上述回归模型并没有在文章中展示，有需要的可向作者索取。

表 3-4　　　　　　　　非农就业与农地流转：代理变量法

变量	是否转出	是否转入	土地转出率	土地转入率
2009年家庭非农就业率	0.0050***	-0.002	0.0054***	-0.0014
	(-3.90)	(-1.64)	(-3.04)	(-1.41)
劳动力人数	-0.4100***	0.2320***	-0.5460***	0.1770***
	(-13.10)	(-8.08)	(-11.51)	(-7.22)
平均年龄	0.0023	-0.0065**	0.0036	-0.0063***
	(-0.73)	(-2.22)	(-0.83)	(-2.66)
女性比例	0.0397	-0.4670***	0.0408	-0.4310***
	(-0.25)	(-3.23)	(-0.19)	(-3.67)
家庭净资产	0.0422*	0.0811***	0.0605*	0.0624***
	(-1.76)	(-3.42)	(-1.81)	(-3.17)
农业机械	-0.0405***	0.0495***	-0.0491***	0.0409***
	(-4.72)	(-7.73)	(-4.17)	(-7.80)
雇工工资	0.1030	0.0567	0.1220	0.0715
	(-1.27)	(-0.83)	(-1.15)	(-1.31)
农地禀赋	-0.0053	-0.0555***	0.0144	-0.0841***
	(-0.36)	(-4.00)	(-1.12)	(-6.85)
村庄经济水平	0.0306	-0.2050***	0.0008	-0.1730***
	(-0.92)	(-7.37)	(-0.02)	(-7.44)
村庄老年化程度	-0.0048*	-0.0104***	-0.0082**	-0.0075***
	(-1.64)	(-4.03)	(-2.04)	(-3.60)
农业女性化程度	0.0007	0.0007	-0.0002	0.0004
	(-0.52)	(-0.58)	(-0.08)	(-0.39)
交通便利性	-0.1940***	-0.0345**	-0.2320***	-0.0224*
	(-4.66)	(-1.98)	(-3.99)	(-1.76)
村庄地理地貌	-0.0064	-0.0566**	0.0303	-0.0706***
	(-0.24)	(-2.45)	(-0.85)	(-3.76)
省份	已控制	已控制	已控制	已控制
常数	-1.547***	-0.196	-1.724***	0.080
	(-3.35)	(-0.46)	(-2.81)	(-0.23)
sigma			1.2370***	0.8300***
			(-20.48)	(-31.11)
观测值	4546	4531	4112	4166

3.5.2 其他稳健性检验

本书主要从农户家庭层面分析了非农就业对农地流转的影响,并没有引入户主的特征变量,这可能会导致遗漏变量问题。有研究指出,虽然农户家庭的资源配置很大程度上是联合决策的,但是户主在其中发挥的作用不容忽视(Mezger and Beauchemin, 2015)。尤其在中国情景下,户主作为一家之主,对土地流转和农业种植有十分重要的影响(张锦华等, 2016)。我们根据CFPS中提供的"谁是家中的主事者"识别出户主,并以是否参与土地流转为例进行稳健性分析①。

在代理回归模型基础上(表 3-4 中列 1 和列 2)进一步引入户主特征变量,具体包括户主性别、年龄、受教育水平三个变量,回归结果见表 3-5(列 1 和列 2)所示。结果显示,户主特征对农地转出和转入的确有影响,表现为年龄越大农户越可能(不可能)转出(转入)土地,性别和受教育年限则存在差异化影响。更为重要的是,此时非农就业的影响仍保持稳健,即非农就业促进农地转出,但对农地转入影响不显著。

表 3-5 非农就业与农地流转:其他稳健性检验②

变量	Probit		Biprobit	
	是否转出	是否转入	是否转出	是否转入
非农就业	0.0050***	-0.0015	0.0051***	-0.002
	(-3.85)	(-1.16)	(-3.97)	(-1.65)
户主性别	-0.0715	0.135**	—	—
	(-1.16)	(-2.49)		
户主年龄	0.0075***	-0.0087***	—	—
	(-2.98)	(-3.85)		
户主受教育年限	0.0284***	-0.0026		
	(-4.15)	(-0.45)		
平均年龄	0.0024	-0.0075**	0.0021	-0.0063**
	(-0.72)	(-2.52)	(-0.66)	(-2.18)
女性比例	-0.0134	-0.3840***	0.0438	-0.4640***
	(-0.08)	(-2.62)	(-0.27)	(-3.22)
农业机械	-0.0414***	0.0473***	-0.0404***	0.0494***
	(-4.78)	-7.35	(-4.71)	-7.73

① 对土地流转率的稳健性分析参照表 3-5,结果相似,有需要的,请向作者索取。
② 注:表 3-5 中为节省篇幅,诸多控制变量的结果并没有显示出来,如果有需要,请向作者索取。同理,表 3-6 也是如此,不再赘述。

续表

变量	Probit		Biprobit	
	是否转出	是否转入	是否转出	是否转入
村庄老年化程度	-0.0057*	-0.0099***	-0.0050*	-0.0104***
	(-1.92)	(-3.80)	(-1.69)	(-4.04)
农业女性化程度	0.0003	0.0008	0.0008	0.0007
	(-0.21)	(-0.68)	(-0.56)	(-0.57)
其他控制变量	已控制	已控制	已控制	已控制
常数	-1.925***	0.257	-1.591***	-0.217
	(-3.91)	(-0.58)	(-3.45)	(-0.51)
扰动项相关系数			-0.243***	
			(-4.87)	
观测值	4543	4528	4531	

另外，在上述实证分析中，我们假定农户的土地转出或土地转入是独立决策的，但有学者指出，中国农户租赁土地的行为表现为租入还是租出决策的反复纠结和权衡，存在一些观察不到的既影响农户转入决策也影响农户的租出决策（李庆海等，2011）。这意味着农户租入和租出土地的行为相互并不独立，而是具有内生关联性。如果不考虑这些问题，很可能得出有偏差的结果。虽然我们的样本中既转入又转出的样本并不多，但是为了防止这方面的内生性问题，从而采用Biprobit模型进行处理。拟合结果表明（表3-5中列3和列4），转入和转出决策确实存在一定的关联性。但即使考虑到这一点，非农就业依然稳健地显著促进农地转出，并且非农就业并不影响农地转入。

3.5.3 工具变量法

代理变量法能够在一定程度上缓解内生性问题，但如果能够找到有效的工具变量，则能更好地避免内生性干扰。之所以选择"农户家庭是否有宗谱或族谱"这一工具变量，首先是因为这一变量能够较好反映出农户家庭社会网络情况。农村地区人际交往有着浓厚的乡土特征，农户最为倚重的就是血缘和亲缘关系网络。已有的文献也多表明，农村劳动力外出就业面临着诸多风险，农村劳动力迁移和外出非农就业通常而言不是盲目的，其家庭社会网络在其中发挥着至关重要的作用（Knight and Yueh，2008）。家庭社会网络通过减少农户就业的搜寻成本、在城市生活成本和提高农户与工作匹配概率的途径来影响农户非农就业。但"农户家庭是否有宗谱或族谱"对农户农地流转而言却是相对外生的，满足工具变量的基本条件（林建浩等，2016）。但为避免弱工具变量问题，仍需要做进一步的检验。

对于连续性因变量和连续性工具变量,Stock 和 Yogo (2005) 提出了检验方法并给出了检验标准。但遗憾的是,该方法和标准并不适用于受限性因变量(Nichols,2011)。目前,还没有一个有效的方法对受限因变量的弱工具变量问题进行检验。因而我们只能通过第一阶段工具变量对内生变量的显著性来做一个初步判断(阮荣平等,2014)。在第一阶段劳动力非农就业方程中,由于"农户家庭是否有宗谱或族谱"这一变量通过了1%的显著性水平检验,且正向促进劳动力的非农就业,因而基本可以认定该工具变量的弱工具变量问题不太严重。将工具变量"家庭是否有宗谱或族谱"代入基准模型,并使用2SLS模型,第二阶段回归结果如表3-6所示。在表3-6中,无论是使用Iv-probit模型还是Iv-tobit模型,均发现非农就业在1%的显著性水平正向促进农户土地转出,但非农就业对农户土地转入的影响依然没有通过显著性水平检验,这与代理变量回归模型的发现保持一致。

表3-6 非农就业与农地流转:工具变量法

变量	是否转出	是否转入	土地转出率	土地转入率
非农就业率	0.0423*** (-6.83)	-0.0086 (-0.43)	0.0747** (-1.97)	-0.0059 (-0.39)
平均年龄	-0.0138*** (-3.57)	-0.0033 (-0.40)	-0.0257* (-1.68)	-0.0031 (-0.50)
女性比例	-1.3890*** (-5.33)	-0.1640 (-0.23)	-2.4850 (-1.82)	-0.1690 (-0.31)
农业机械	-0.0289*** (-3.08)	0.0500*** (-7.76)	-0.0465*** (-3.85)	0.0355*** (-7.23)
村庄老年化程度	-0.0003 (-0.10)	-0.0112*** (-4.11)	-0.0025 (-0.54)	-0.0074*** (-3.69)
农业女性化程度	0.0008 (-0.70)	0.0007 (-0.57)	0.0007 (-0.39)	0.0001 (-0.13)
其他控制变量	已控制	已控制	已控制	已控制
常数	-3.6170*** (-9.66)	0.2760 (-0.21)	-6.0480** (-2.57)	0.2520 (-0.27)
观测值	4525	4510	4421	4349

注:控制变量引入和基准模型一致,但为节省篇幅,其他控制变量的结果并没有显示出来,如有需求,请向作者索取。

3.5.4 进一步讨论

上述稳健性分析均发现非农就业能够显著促进农地转出,但非农就业不影响农地转出,这一方面证实了转型时期的非农就业和土地转出具有同步性,无须担心土地流转供给侧导致的流转市场发育缓慢。另一方面,本书也证实农户家庭非农就业不会阻碍其土地转入行为,这与既有研究并不一致(Deininger and Jin, 2009)。已有的文献从农户个体层面或家庭层面进行实证分析,多发现非农就业会显著增加农户租出倾向,同时会显著降低农户租入倾向(Kung,2002;黄枫、孙世龙,2015)。这很可能与诸多研究没有考虑到转型时期外在约束条件的变化密切相关,如农业机械的广泛使用。我们猜测非农就业仍然能够正向促进农地转出而不再负向影响农地转入,关键在于农业机械对劳动力的替代差异。

在新时期,由于国家政策的大力支持,大中小各类农业机械的使用日益普遍,有效保障了农业生产。同时,农业机械的广泛使用使得农业劳动力流失的农户也能够扩大土地经营规模。正如描述性分析表明的,相对于土地转出户,土地转入户拥有更多的农业机械。基准回归结果也显示,农业机械显著正向影响农地转入。在代理回归模型和工具回归的稳健性分析中(表3-4、表3-5和表3-6),农业机械始终正向促进农地转入,说明农业机械对劳动力的替代十分有效。

为验证农业机械的广泛使用是否为非农就业对土地转入的影响不再显著的原因,我们在工具变量模型中引入非农就业和农业机械乘积的交叉变量,以考察农业机械对非农就业的调节作用。结果证实①,这一乘积变量正向促进土地转入,说明农业机械负向调节非农就业对农地转入的影响。与此同时,我们按照农户持有农业机械价值小于等于农业机械价值均值和大于农业机械价值均值,将整体样本区分为农业机械不足和农业机械充足两个分样本。

使用二元 Probit 模型分析农业机械对农户转入转出土地的影响,结果显示(见表3-7),在机械使用不足的分样本中,非农就业依然负向影响农地转出,非农就业依然不利于农户的农地转入。但在机械充足的分样本,非农就业对农地转入和转出的影响均不显著。上述结果表明,当农业机械不足时,非农就业导致的劳动力流失不利于农户扩大经营规模,而农业机械的充足则会有效缓解劳动力流失(Yang et al.,2013),使得非农就业不再成为土地流转,尤其是土地转入的障碍性因素。

表3-7　　　　　　　　非农就业对农地流转的影响:农业机械使用

变量	农业机械不足		农业机械充足	
	是否转出	是否转入	是否转出	是否转入
非农就业	0.0112***	-0.0024*	0.0041	-0.0025
	(-6.30)	(-1.61)	(-1.54)	(-1.40)
其他控制变量	已控制	已控制	已控制	已控制
观察值	2640	2628	1906	1903

---

① 为节省篇幅不再显示回归结果,如果有需要请向作者索取。

劳动力老年化和女性化的影响也十分重要。通过对比基准模型和稳健性模型，发现家庭层面的老年化和女性化的影响并不稳健，但我们依然可以从个体层面和村庄层面看出一些端倪。户主是家庭中最重要的决策主体，户主的老年化可能对农业生产和农地流转产生显著影响。从表3-6的回归结果看，户主的老年化不利于土地转入，但会促进土地转出。这说明随着年龄的增长和体力的下降，有利于土地转出供给，但不利于土地转入需求，这与汪险生、郭忠兴（2014）基于CHRALS2011的研究保持一致。另外，由于当前农村的土地流转市场很大程度上来说依然是一个村庄内部流转市场（钱龙等，2015b），村庄内部的人口结构可能会影响到土地市场的发育。通过对比代理变量回归和工具变量回归，不难发现，村庄常住人口老年化对土地转出的影响不稳健，但是对土地转入有稳健的负向影响。表明劳动力老年化不利于土地转入，这可能会造成土地流转市场因为需求不足而发育迟缓，这一点要特别引起注意。女性化影响方面，女性当家做主并不影响土地转出，但却会显著负向影响农户的农地转入（表3-5）。无论采用代理变量回归模型还是工具变量回归模型，村庄层面的农业劳动力女性化对土地转入和转出始终没有显著影响，这说明整体上，农业女性化尚未构成土地流转市场发育的障碍。

3.6 本章小结

基于中国家庭动态跟踪调查CFPS2010和CFPS2012数据，本章就非农就业对农地流转的影响进行了系统研究。研究发现，中国的农地流转市场发育较快，已经有27%的农户参与进来，农地流转市场发育滞后的局面大为改观。村庄层面60岁以上老年比例为16.8%，已经迈入老年化时代。但农业并未呈现女性化（De Brauw, 2003），村庄层面农业劳动力中女性占比仅为46.78%。在转型时期，随着农户家庭非农就业率的提升，农户转出土地的概率逐渐增加，否定了非农就业不能够有效促进土地转出的论断。本章同时证实，非农就业对农户家庭的土地转入没有显著负向影响，即非农就业不是土地转入的阻碍因素，这与既有研究的发现不同。本章还从户主个体、家庭和村庄三个层面考察老年化和女性化对农地流转市场的影响。虽然家庭层面老年化和女性化的影响并不稳健，但个体和村庄层面稳健地证实：随着户主年龄增长，土地转入概率下降，而土地转出概率会上升；村庄层面人口老年化不会影响土地转出，但显著负向影响土地转入。因而，亟需关注老年化对土地转入的负面影响，防止因土地转入需求不足导致的农地流转市场发育滞后。女性化方面，女性当家做主的家庭更不倾向转入土地，但对土地转出没有显著影响；村庄层面劳动力女性化对土地转入和转出没有显著影响。因而，整体上女性化并未构成土地流转市场发育的障碍。

第 4 章 非农就业、农地流转与农业生产性投资变化

4.1 引言及文献综述

随着经济社会的日益发展和外出非农就业门槛的降低,在广大发展中国家,人口迁移和非农就业日益普遍,汇款和工资性收入也逐步成为农民收入的重要来源之一。劳动力资源配置的变化和家庭收入结构的变动无疑会对农户农业生产经营产生影响。那么,非农就业如何影响农户对农业的投资呢?

有部分学者发现,非农收入增长后农户会优先购置生产性资产,非农就业能够显著提升农业投资。如 Zhao(2002)对中国 6 省的调查研究证实,非农就业显著促进农户购买农业机械。Taylor 和 López—Feldman(2010)对危地马拉农户的调查研究发现,外出务工促进了农户在农业生产中施用更多肥料。钱文荣、郑黎义(2010)对中国江西省稻农的研究指出,非农汇款有助于农户在水稻生产中投入更多的化肥和农药。类似的,De Brauw(2010)对越南的研究、Chiodi 等(2012)对墨西哥的研究、Bohra—Mishra(2013)对尼泊尔的研究以及 Randazzo 和 Piracha(2014)对塞内加尔的研究也都证实,农户倾向于将非农收入用于生产性用途。

但也有诸多研究指出,农户并没有因为非农就业带来的收入增长而增加农业生产性投资,非农就业对农户的农业投入并没有显著影响。如 De Brauw 和 Rozelle(2008)对中国农民工的投资行为进行了实证分析,发现非农汇款没有被用于农业生产性投入。Huang 等(2009)基于山东省水果种植户的实证研究表明,农户对农业投入并没有随着非农就业而增加。Damon(2010)针对萨尔瓦多移民的经验研究发现,非农收入对农业生产性资产积累的促进作用十分有限,基本不影响农业生产性投入。Davis 和 Lopez—Carr(2014)对中美洲四国的实证研究也证实,非农就业无法有效提高农户的投资强度。之所以如此,一方面,可能是由于非农汇款收入主要被用于非生产性支出。如 Mines 和 De Janvry(1982)对一个

墨西哥村庄的个案研究发现，农户主要将汇款用于提升生活舒适度的消费上。Adams 和 Cuecuecha（2010a，2010b）分别考察了危地马拉和印度尼西亚的农户如何使用汇款，发现汇款主要被用于改善农户家庭生活和购买耐用品。另一方面，也可能是由于非农汇款被用于其他类型的投资，如住房投资和教育投资等方面。Osili（2004）的研究表明，尼日利亚的移民更偏爱住房建设投资而不是家庭生产活动的投资。关于中国农民工汇款的一项研究也发现，汇款多被用于老家的住房建设（Zhu et al., 2014）。Yang（2008）对菲律宾的研究则表明，汇款会被优先用于子女教育方面。另一项关于菲律宾的研究也显示（Quisumbing and McNiven, 2010），农户家庭会优先将汇款用于农户住房投资和教育投资。

还有一部分研究表明，非农就业反而不利于农户对农业进行投资。国外研究方面，Ahituv 和 Kimhi（2002）对以色列的研究发现，非农就业负向影响农业生产性资产积累。Morera 和 Gladwin（2006）基于洪都拉斯两个农村社区的案例研究表明，非农就业不利于农户进行土地保护型的农业投资。Hennessy 和 Brien（2008）对爱尔兰农户的研究证实，非农就业导致农业收入重要性下降，农户会减少农业投资。Mathenge 等（2015）针对肯尼亚农户的实证研究也发现，随着农户家庭非农就业收入比例的提升，农业经营渐趋粗放，农业生产中的肥料和杂交种子投入会逐渐减少。上述发现也得到国内部分研究的证实，如 Wu 和 Meng（1996）对中国 5 省的研究表明，随着农户收入中非农份额的增加，农户会减少购买农业生产性工具。许庆、章元（2005）使用 CERC/MOA 中国农村居民问卷调查数据库进行的实证研究发现，随着农户非农劳动时间的增加，农户的农业投资越少。Qin（2010）对重庆市农户的研究指出，相对于没有非农就业的农户，有非农就业的农户家庭在单位土地上投入的化肥和农药都较低。Ji 等（2012）基于安徽省农户的实证研究表明，家庭非农就业率的提升会降低农户购买小型机械的可能性。类似的，朱民等（1997）基于 4 省 8 县 80 个村的农户调查、刘承芳等（2002）对江苏省 6 个县市的调查、刘荣茂和马林靖（2006）对南京市 5 县区的调查、朱喜等（2010）对长三角 15 村的长期跟踪观察、王子成和郭沐蓉（2015）基于中国城乡劳动力流动调查 RUMIC2008 和 RUMIC2009 的实证研究均发现，非农就业会降低农户购置农业生产性资产的积极性。

整体而言，学界从非农就业视角对农户农业生产性投资进行了丰富而饶有意义的探讨，尤其是较为完整地阐述了汇款对农户投资可能的影响，这为后续研究奠定了良好基础。但由于所分析的农业投资种类不同，以及不同国家制度和环境存在差异，非农就业对农户生产性投资的影响究竟如何并未形成定论。就中国情景下分析非农就业与农业生产性投资的成果而言，多数研究数据较为陈旧，且样本量普遍较小，面对宏微观环境的快速变化（如土地流转规模、农业劳动力老年化和女性化)①,已经无法回答当前非农就业如何和怎样影响中国农户的农业投资行为。但是,这一议题对于经济和体制双重转型时期的中国而言尤为重要。对农业的投资直接关乎中国农业的现代化转型、粮食安全和农业可持续发展。尤其是当前,农业人口大量转移至非农产业,截至2015年底,我国外出务工就业的农民工总量已经达到2.77亿人,在农业劳动力大量流失背景下对这一议题进行再研究有很强的现实意义。

从作用机理分析来看,既有研究多从汇款和收入视角来分析非农就业对农户生产性投资行为的直接影响,很少有研究考虑到非农就业会通过其他路径来影响农户的投资行为。此外,还需要指出的是,在家庭内部,非农就业和农地流转的决策并非是完全割裂的(Feng and Heerink, 2008; Gray and Bilsborrow, 2014),有非农就业的家庭也常常参与到农地流转市场(Feng et al., 2010; Xie and Jiang, 2016),因而非农就业很可能通过农地流转来影响农户投资行为。当前,关于农地流转如何影响农户农业投资行为的研究还不多见(姚洋,2004;杨钢桥等,2010),联合考虑到非农就业和农地流转对农户农业生产性投资影响的研究更是少之又少。

此外,多数成果并没有考虑到非农就业与农户农业生产性投资之间的内生性问题。非农就业不仅会影响农户的生产性投资,生产性投资也可能反馈影响农户家庭的劳动力资源配置和非农就业程度。因而,以往研究结论的可靠性值得怀疑。

基于上述判断,本章节试图理清非农就业对农户农业生产性投资的直接与间接影响路径,并以较新的微观调查数据 CFPS2012 为研究样本,对上述问题进行实证分析。为解决非农就业和农业生产性投资之间可能的内生性问题,进一步引入替代变量法和工具变量法予以解决,最终得出较为稳健的结论。

本章节后续安排如下:4.2 节为理论与机理分析,阐述非农就业对农业生产性投资的直接影响路径,以及非农就业通过土地流转的中介影响路径。4.3 节为变量设置与说明,对模型涉及的所有变量进行全面的介绍。4.4 节为基本的回归结果。4.5 节为稳健性检验,包括替代变量模型和工具变量模型。4.6 节为中介效应模型,来验证农地流转是否为中介变量。4.7 节对本章进行小结。

4.2 机理分析

新古典经济学通常将个体作为决策的单位,但随着新移民经济学理论

---

① 与第三章类似,本书强调的环境变化主要是土地流转规模快速增加、农业劳动力的老年化和女性化趋势。

(NELM)的日渐普及(Stark,1991b;Taylor and Martin,2001),越来越多的学者开始将家庭视为一个整体性的决策单位(Taylor,1999;Gröger and Zylberberg,2015)。在新移民经济学理论看来,所有家庭成员都会为实现家庭效用的最大化而努力。农户家庭部分成员从事非农就业能够产生多个方面的影响,目前学界多聚焦于非农就业和汇款对农户家庭收入(Du et al.,2005)、收入不平等(Adams and Cuecuecha,2010b)、消费平滑和风险应对(Giles,2006)、农业生产与粮食产量(Gartaula et al.,2012)、农业技术效率(De Brauw,2010;Yang et al.,2016)、家庭成员健康(Stillman et al.,2009)、儿童教育(Yang,2008)、社区发展(Ma,2001)以及区域经济增长(Giuliano and Ruiz – Arranz,2009)的影响。非农就业对农户农业生产性投入也有重要的影响,但较为全面的阐述其影响机理的成果并不多见。

通过对已有文献的梳理,并结合中国情景,我们认为非农就业可能会通过造成农业劳动力流失、改善农户家庭收入水平、改变家庭收入结构、缓解信贷约束、减缓农业风险冲击的途径来综合影响农户家庭的农业生产性投资行为(图4-1)。

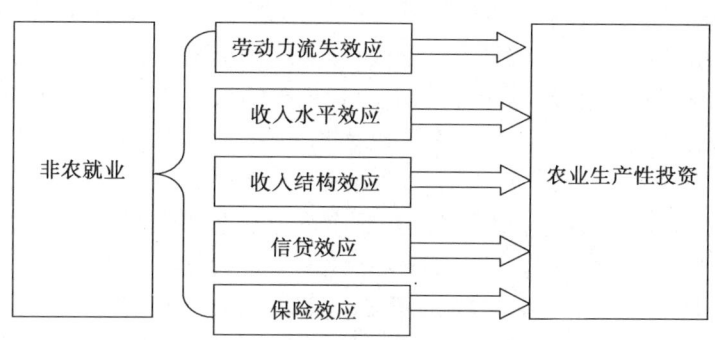

图4-1 非农就业影响农业生产性投资的路径

第一,非农就业会通过造成农业劳动力损失来影响农业生产性投资(劳动力流失效应)。宏观层面,在对经典"刘易斯"模型的改进中(Lewis,1954),拉尼斯和费景汉(Ranis and Fei,1961)就指出,从刘易斯第一拐点结束到第二拐点出现这一区间,农业生产率不为零,但低于制度工资的劳动力会被现代农业部门所吸收,如果农业生产的效率没有得到相应的提升,那么农业生产就会受到负面影响。微观层面,诸多研究均证实,家庭成员非农就业会直接减少农业领域的劳动力,如果家庭劳动力不存在剩余或剩余很少,那么必然会造成农业劳动力短缺(Taylor et al.,2003;李明艳等,2010;王子成,2015)。特别是在农村雇工市场并不完善的环境约束下(Chang et al.,2012;Mathenge et al.,2015),家庭缺失劳动力通常无法被雇工有效替代,从而非农就业很可能通过劳动力短缺效应来影响其农业生产性投资。此时,为了适应劳动力不足,农户很可能会增加劳动力节省型的投入，减少劳动力密集型的投入（Rozelle et al.，1999；Wouterse，2010）。

第二，非农就业会通过提高收入水平来影响农户的农业生产性投资行为（收入效应）。家庭部分成员进入非农产业后，通常能够提升家庭整体收入水平，外出成员会通过非农汇款来扩展农业留守成员收入约束边界，使得留守成员有能力购买更多农业生产资料（Zhao，2002；De Brauw，2010；Wang et al.，2016），如肥料、农药、薄膜、农业机械等。但收入水平的增加只是一个必要非充分条件，这取决于汇款收入是否被优先用于农业生产投资。部分研究支持农户会相应增加这部分投资（Randazzo and Piracha，2014），但也有研究指出，农户主要将汇款用于消费性支出和改善家庭成员生活（Adams and Cuecuecha，2010a），或者用于其他非生产性投资（Zhu et al.，2014），因而很难判断非农就业带来的收入增长能否促进农户的农业投资支出。

第三，非农就业带来家庭收入结构的深刻改变，可能会影响农业投资（收入结构效应）。由于农业效益相对较低，在城乡收入差距和不同产业工资水平差异的影响下，农村劳动力的非农就业现象日渐频繁（Todaro，1969）。随着家庭非农就业程度的加深，农户对农业的依赖程度会逐渐降低，农业收入重要性也会相应下降（方鸿，2013）。2014年国家统计局公布的数据显示，工资性收入已经占据农民纯收入的40%，并且成为农民收入增长的主要来源。当前，越来越多的学者赞同，农业收入对农户收入增长的贡献性在下降，农业最重要的意义是作为社会保障和农民最后的退路而存在。在非农就业机会成本高，农业劳动力出现短缺，留守农业的劳动力渐趋老年化和女性化的时代背景下，农户多不期待通过农业来实现增收，粗放式经营成为常态（Hennessy and Brien，2008；Damon，2010）。此时，理性的农户家庭很可能选择回报率更高的非农产业作为投资领域。正如部分研究所呈现的那样，农户很可能将非农收入用于开办小型企业和家庭商业活动（Amuedo—Dorantes and Pozo，2006；Woodruff and Zenteno，2007）。农户对农业的忽视，以及将家庭收入投入到其他领域，意味着非农就业很可能会负向影响农户农业生产性投资（Mathenge et al.，2015）。

第四，非农就业能通过缓解农户家庭的信贷约束来影响农户的农业生产性投资（信贷效应）（Taylor and López—Feldman，2010）。虽然农户农业投资很大一部分来自家庭收入和自我积累，但贷款在农业生产中的重要地位不容忽视（Azam and Gubert，2006；叶剑平等，2010），对农业这种生产资金需求时间高度集中的产业尤其如此。诸多研究均证实，良好的、有效率的农村信贷会增强农户投资农业的能力（Sudha，2016）。然而，由于农业信贷的交易成本高、风险大和收益少，导致农村金融市场存在着严重的信贷配给，农户常常不能够从正规金融机构获得贷款或足额贷款（Damon，2010）。在正规信贷无法满足信贷需求的情况下，大部分中国家庭依靠非正规金融来缓解信贷约束（Turvey et al., 2010）。非农就业却能够通过下述两个途径来增强农户获得正规信贷和非正规信贷的可能性：一方面，非农就业能够提升农户收入水平、缓解农业生产风险对农户家庭收入的冲击。收入的增加和风险的降低会增加银行放贷意愿，从而有利于农户增加获得银行贷款的概率和额度（Reardon et al., 1994；黄祖辉等，2009）；另一方面，非农就业有助于农户突破传统的地缘和血缘等强关系，构建起以业缘、趣缘、友缘为主的弱关系网络（石智雷、杨云彦，2011），拓展农户的社会网络（Azam and Gubert, 2006），从而有助于扩大农户的非正规信贷来源（林建浩等，2016；孙永苑等，2016）。相对而言，有非农就业的农户家庭能更便利地利用信贷市场，这有可能有利于农户增加农业生产性投资。但这同样只是一个必要条件，如果农户并非将借贷用于农业生产投资，而是用于家庭生活消费、教育、购买耐用品、维修和建设住房、教育、医疗、子女婚姻等方面（Khandker, 2003；冯旭芳，2007；张庆昉，2010；童馨乐等，2015），那么信贷获得能力的提升可能对农业生产性投资就没有积极影响，因而也很难判断非农就业带来的信贷约束缓解效应会如何影响农户农业生产性投资。

第五，非农就业为农户家庭的农业生产提供保险作用（Taylor, 1999；Halliday, 2012），减缓了收入波动和风险对家庭农业生产的冲击（Gröger and Zylberberg, 2015），有助于农户进行农业生产性资产投资（保险效应）。农业是天然的弱质产业，同时面临着自然风险和市场风险，尤其是自然灾害等不可抗拒性的因素会对农业带来巨大破坏力。来自发达国家的实践表明，完善的农业保险能显著促进农户对农业的投资（Horowitz and Lichtenberg, 1993；Wu and Adams, 2003）。但是在中国这样一个发展中国家，无论是政策性农业保险还是商业性农业保险，均未得到有效发育，农业保险市场仍然无法成为真正的"熨平机制"。一旦发生自然灾害，农户就只能独自承受生产损失，从而严重打击农户投资农业的信心，这无疑十分不利于农民投资保持稳定。在一定程度上，非农就业和汇款收入则能够部分替代农业保险的功能（Gubert, 2002），减缓自然风险冲击对家庭农业生产的不利影响。由于部分家庭成员从事非农就业，农户家庭收入和消费风险被分散，即使发生自然灾害，汇款收入也能够帮助农业留守人员渡过困难，这有利于提高风险抵抗能力，增强农户投资农业的信心（Taylor and Wyatt, 1996；方鸿，2013），从而促进农户的农业生产性投资。

除上述影响途径以外，非农就业还可能通过农地流转来影响农户的投资行为，这一点为主流研究所忽略。对追求效用最大化的农户家庭而言，在重新配置家庭劳动力资源后，农户也会相应重新配置最重要的生产要素——土地资源（Kung, 2002；Zhang et al., 2004；Arthi and Fenske, 2016），这一点得到了诸多研究的证实。通常而言，由于劳动力不足和非农就业机会成本较高，非农就业率较高的家庭将土地流转出去的概率也相对较高（Xie and Jiang, 2016），而非农就业率较低和劳动力充足的家庭为实现规模经营和提升收入水平更倾向于转入土地（Deininger and Jin, 2008a）。那么，农地流转又会如何影响农户的投资行为呢？

一方面，农地流转同时存在"交易收益效应"和"边际产出拉平效应"（Carter and Yao, 2002；姚洋，2004）。前者指的是农地自由流转可以提高投资的交易收益，从而间接刺激农户投资土地的积极性。后者指的是农地流转将土地转移至更有效率的生产者手中，从而提高土地生产效率（Deininger et al., 2013；冒佩华等，2015）。这意味着，相对土地转出者，转入户由于更具生产比较优势，生产效率更高，投资农业的回报率也更高。因而，转入户有激励进行生产性投资来提升农业收益率。相反，转出户的比较优势并不在农业生产，为追求家庭收益最大化，通常会减少农业投入而选择将家庭生产性资源转移至非农领域。

另一方面，农地流转带来的经营规模变化也会影响到农户农业生产性投入。正如舒尔茨（1965）在《改造传统农业》中指出的那样，传统小农种植规模普遍偏小，理性的小农缺乏引入现代生产要素和新技术的激励。只有在生产规模扩大到一定程度时，增加某些投入才可能是划算的（屈艳芳、郭敏，2002），特别是对那些不可分割的生产性投资更是如此，如大型农业机械、农地整治费用、其他专用性资产等。中国是典型的小农经营，即便与亚洲其他国家相比，如韩国、日本等，中国农户的种植规模也相对较小，户均只有 0.55 公顷（林毅夫，2011）。然而，近年来，情况有所改观。随着国家政策的鼓励和支持，中国的农地流转规模迅速扩大，越来越多的农户开始实现适度规模经营（Ji et al., 2016）。截至 2015 年，全国 2.3 亿承包户中有 6600 万农户参与到农地流转中，进入流转市场的承包地面积已经达到承包地总面积的 33% 左右。另据《全国农村经济情况统计资料》显示，2013 年全国经营耕地 10~30 亩农户数达到 2762.8 万户，经营耕地 30~50 亩农户数达到 582.3 户，经营耕地 50 亩及以上农户数为 274.1 万户（洪名勇、龚丽娟，2016）。截至目前，仅各类家庭农场经营耕地面积就达到了 1.76 亿亩，占全国承包耕地总面积的 13.4%。可见，规模经营的格局已经形成一定规模，并进一步朝着良好局面发展。因而，我们预期农地转入导致的规模增大可能会促进农户农业生产性投入，而土地转出导致的规模缩小则不利于这一投入。

总的来说，非农就业不仅通过上述五种途径来影响农户的投资行为，还会通过农地流转来间接影响农户投资（图 4-2）。根据上述分析，得出以下三个命题：

命题 1：非农就业如何影响农户生产性投资行为取决于总的综合效应

命题 2：农地转出不利于农户农业生产性投资

命题 3：农地转入有利于农户农业生产性投资

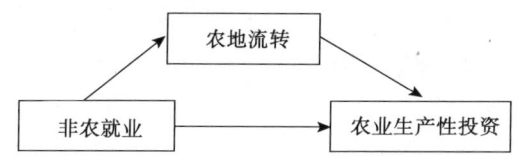

图4-2 非农就业、农地流转与农业生产性投资机理

4.3 变量设置

4.3.1 变量设置

1. 农业生产性投资

农业生产性投资是本章的被解释变量，由于对农业生产性投资内容的理解和界定存在差异，不同研究对这一变量的测度呈现多样性。本书主要关注两大类农业生产性投资，一类是与土地直接关联的流动性投资，包括化肥、种子和农药；另一类是与土地不直接关联的固定投资，考虑到农户家庭在农业生产中的主要固定资产投资为农业机械，因而选择农业机械作为这一类投资的代表（Zhao，2002；刘荣茂、马林靖，2006）。对第一类投资，参照既有研究，将农户家庭2011年投入到农业生产中的化肥、种子、农药三类投资转化为货币价值并加总（De Brauw and Rozelle，2008；钟甫宁、纪月清，2009；李明艳等，2010；Gao et al.，2012），然后进行对数化处理。第二类投资具有不可分割性，且固定投资能够长期使用，因而使用农户2011年持有的各种农业机械的总价值来表示（刘承芳等，2002），同样也进行对数化处理。

2. 非农就业

非农就业是本书的关键解释变量，但如何去测度农户家庭的非农就业情况，学界并没有形成定论。既往研究有选择农户家庭是否有成员从事非农就业（Hennessy and Brien，2008；Feng et al.，2010）、非农就业工作机会（朱喜等，2010）、家庭非农就业人员数量（Chiodi et al.，2012；Gray and Bilsborrow，2014），也有研究使用非农就业时间（许庆、章元，2005；Ji et al.，2012；Yang et al.，2016）、非农收入占家庭总收入比例（李明艳等，2010；Mathenge et al.，2015）。但考虑到非农就业的本质是家庭劳动力资源的再配置，因而本书借鉴Benjamin 和 Brandt（2002）和 De Brauw（2010）的研究，使用"非农劳动力占家庭总劳动力之比"来表示。

3. 农地流转

非农就业可能通过农地流转来间接影响农户家庭的生产性投资，此时农地流转成为中介变量。借鉴 Feng 和 Heerink（2008）、Feng 等（2010）使用"农户家庭是否参与农地转出"或"农户家庭是否参与农地转入"来测度其土地流转行为。

4. 控制变量

为提高拟合回归的可信性，参照既有文献，我们还引入一系列控制变量，主要包括家庭人口特征维度、家庭资产特征维度、土地特征维度、村庄特征维度共计十个控制变量。具体的，家庭人口特征维度包括家庭劳动力数量、家庭成员平均年龄、家庭成员平均受教育程度、家庭成员女性比例共四个变量；家庭资产特征维度包括家庭金融性资产价值（对数）、家庭非房贷性金融负债（对数）两个变量；土地特征维度包括家庭承包的土地资产价值（对数）和家庭实际经营土地面积两个变量；村庄特征维度包括村庄地理地貌和村庄交通位置两个变量。此外，为控制区域层面因素可能的影响，进一步引入省际虚拟变量予以控制。

4.3.2 变量设置说明

值得注意的是，以往关于农户农业生产性投资的诸多文献中，多考虑到农地产权稳定性或安全性的影响。但产权是否影响农户对农业的投入存在广泛争议（Fenske，2011）。有研究表明，产权是重要的，安全的农地产权有助于稳定农户预期（Kumari 和 Nakano，2016），从而正向促进农户投资行为（Abdulai et al.，2011；Michler et al.，2015；Islama et al.，2015）。也有很多研究发现，农地产权稳定性对农民来说并不重要，即使是不稳定的农地产权也不会阻碍农户对农地的投入（Brasselle et al.，2002；Gebremedhin 和 Swinton，2003；Deininger 和 Jin，2006）。中国的农地产权结构具有独特性，关于中国的经验研究也没有达成一致结论。一部分研究支持产权安全性正向促进农户对土地的投资（黄季焜、冀县卿，2012；Gao et al.，2012；Ma et al.，2015），但更多的研究发现，产权安全性对农户的投入行为没有显著影响（Feder et al.，1992；姚洋，1998；Jacoby et al.，2008；许庆、章元，2005；钟甫宁、纪月清，2009；Feng et al.，2010），或者产权安全性的影响十分微弱（Kung，1999；Carter、姚洋，2004；Ma et al.，2015）。

遗憾的是，CFPS2010 和 CFPS2012 并没有提供村庄土地调整或土地确权方面的信息。但从法律和政策发布来看，2003 年，《农村土地承包法》规定"在承包期内，发包方不得调整承包地"，2008 年，十七届三中全会审议通过的《中共中央关于推进农村改革发展若干重大问题的决定》中提出，要"赋予农民更加充分而有保障的土地承包经营权，现有土地承包关系要保持稳定并长久不变"。同年，中央一号文件首次提出，要"加强农村土地承包规范管理，加快建立土地承包经营权登记制度"。2009 年，农地确权工作正式在全国逐步试点并推广。当前，农地调整（大调整和小调整）频率已经大大下降（冀县卿、黄季焜，2013），即使存在调整也主要是个别农户之间的小调整，农户的土地基本不会变动。由于我们的样本数据来自 2011 年前后，因而可以认为此时农户承包地使用权已经相当稳定。部分调查研究也证实，无论是法律规定的产权安全性、事实上的产权安全性还是农户感知的产权安全性，目前均十分的稳定（Ma et al.，2015）。因而就本研究而言，是否引入土地产权稳定性这一控制变量影响并不大（Kung，2002）。

上述变量中，除村庄地貌和地理位置来自 CFPS2010 以外，其他变量均来自于 CFPS2012。模型涉及的所有变量、相应的说明设置与统计描述性分析见表 4-1。

表 4-1　　农业生产投资模型中变量定义及描述性统计

变量	变量说明	观察值	平均值	标准差
流动性资产投资	农药、化肥和种子价值（元/对数）	5497	7.60	1.27
农业机械投资	农业机械价值（元/对数）	6785	2.82	3.60
非农就业率	非农劳动力×100/家庭总劳动力	6785	61.73	27.82
土地转出	是否转出土地：1＝是；0＝否	6785	0.12	0.32
土地转入	是否转入土地：1＝是；0＝否	6769	0.15	0.36
劳动力人数	家庭总劳动力人数（人）	6780	1.65	0.93
女性比例	家庭成员中女性比例（%）	6785	0.54	0.18
平均年龄	家庭成员平均年龄（岁）	6785	35.04	15.22
平均受教育程度	家庭成员平均受教育年限（年）	6040	8.35	3.4
金融性资产价值	金融性资产总价值（元/对数）	6760	7.81	2.78
非房贷性金融负债	非房贷金融负债价值（元/对数）	6749	0.82	5.08
承包土地资产价值	承包土地资产价值（元/对数）	6781	8.05	4.48
家庭实际经营土地面积	家庭正在耕种土地面积（亩）	6604	6.68	10.05
村庄地理地貌	1＝丘陵；2＝高山；3＝平原；4＝其他	6182	2.19	1.05
村庄交通情况	村委会到县城所花时间（小时）	6620	1.12	1.71

4.4　农业生产投资基本分析

4.4.1　农业投资描述性分析

为了更好地分析非农就业、农地流转对农户农业生产性投资的影响，首先进行简单统计性分析。其次,我们对其他控制变量与农户农业生产性投资的相互关系进行简单描述性分析。

按照非农就业率是否高于样本均值,将整体样本分为非农就业率高和非农就业率低两个分样本。样本结果显示,非农就业率高的农户家庭与非农就业率低的农户家庭在流动性生产投资和农业机械投入方面存在差异。如表4-2所示,非农就业率低的家庭对流动性生产投资和农业机械的投入均高于非农就业率高的家庭,分别高出2.84%和38.4%。可见两类家庭的流动性生产投资差距并不是很大,但在农业机械投入方面差异较大。

表4-2　　　　　　　　农业生产投资的描述性分析

类别	流动性投资	农业机械
非农就业率高	7.474	2.372
非农就业率低	7.686	3.283
土地转出户	7.227	1.538
非土地转出户	7.626	2.985
土地转入户	8.276	4.259
非土地转入户	7.454	2.560
家庭劳动力充足	7.737	3.473
家庭劳动力短缺	7.154	1.677
女性比例较高	7.653	2.996
女性比例较低	7.554	2.669
老年化程度高	7.512	2.359
老年化程度低	7.651	3.101
家庭成员文化程度高	7.636	2.802
家庭成员文化程度低	7.562	2.833
家庭金融性资产价值较多	7.677	3.132
家庭金融性资产价值较低	7.499	2.415
家庭非房贷性金融负债较高	7.770	3.128
家庭非房贷性金融负债较少	7.528	2.694
家庭承包土地资产价值高	7.733	3.188
家庭承包土地资产价值低	6.684	1.298
经营土地面积较大	8.165	3.831
经营土地面积较小	7.249	2.270

从农地流转视角来看,统计结果发现,相对于非土地转出户,土地转出户在流动性生产投入和农业机械投入方面均较低,前者差距为5.52%,后者更是高达94.08%。因而,农地转出可能不利于农户对上述两类生产性资产的投资,这与机理分析中的推断保持一致。但在影响力度上,非农就业对农业机械投入的负面

影响更大。同样，统计结果发现，土地转入户对流动性生产投资和农业机械的投资均高于非土地转入户，对两类生产性资本投入的差距分别为 11.03% 和 66.37%。因而，预期农地转入可能会促进农户对上述两类生产性资产的投资，这与前述理论推断也保持一致。因而，命题 2 和命题 3 可能成立。

从家庭人口特征维度来看，当家庭劳动力充足时（家庭劳动力人数大于均值），农户对流动性生产资本的投资和农业机械的投资均高于劳动力短缺的家庭（家庭劳动力人数小于均值）。从家庭成员女性占比来看，相对家庭女性比例较低（女性比例小于均值）的农户家庭，家庭女性比例较高的农户家庭（女性比例大于均值）对流动性生产资本和农业机械的投资均较高。从家庭成员平均年龄来看，当农户家庭的老年化程度较高时（家庭成员平均年龄大于均值），农户对流动性生产资本的投入和农业机械的投入都较低。从家庭成员文化程度来看，相对于家庭成员文化程度低的农户（家庭成员文化程度小于均值），农户家庭成员文化程度高（家庭成员文化程度大于均值）的农户对上述两类的投资更多。

从家庭资产特征维度来看，当家庭金融性资产价值较高时（家庭金融性资产价值大于均值），农户对流动性生产资本投入和农业机械的投入也相应较高。有意思的是，当家庭非房贷性金融负债率较高（家庭非房贷性金融负债大于均值）时，农户对两类生产性要素的投入也相对较高。

从土地特征维度来看，相对于承包土地资产价值低（承包土地资产价值低于均值）的农户家庭，承包土地资产价值高的家庭（承包土地资产价值高于均值）对农业流动性生产资本和农业机械的投入水平都较高。从农户家庭实际经营土地面积来看，当经营土地面积较多时（经营面积大于均值），农户对上述两类生产性资本的投入更高。

4.4.2 农业生产投资基准回归

描述性分析并不能够揭示因果关系，为了分析非农就业对农户农业生产性投资的影响，将本章节基准模型设定如下：

$$Invest_{vi} = a_0 + w \times (off - farm) + \beta_i X_{vi} + r_v Z_v + \delta P + \varepsilon_{vi} \tag{4.1}$$

其中，$Invest_{vi}$ 是我们所关注的村庄 v 农户家庭 i 的农业生产性投资情况，具体包括与土地直接关联的流动性投资和不与土地直接关联的固定投资两大类，分别使用家庭投入的化肥、种子和农药总价值（对数）、家庭拥有的农业机械价值（对数）来表示这两类投资。$off - farm$ 表示的是关键解释变量，即农户家庭的非农就业率，我们通过判断系数 w 的显著性和符号来判断非农就业对农户生产性投资的影响。X_{vi} 表示的是影响农户 i 生产性投资行为的家庭特征变量和土地特征变量，包括家庭人口特征、家庭资产特征度、土地特征。Z_v 表示村庄层面的特征变量,以控制村庄层面可能的影响。P 为省份虚拟变量,以控制区域层面可能的影响。ε_{vi} 为随机扰动项。

从表4-3中的回归结果来看,非农就业在1%的显著性水平上负向影响农户对农业流动性生产资本投资,即非农就业不利于农户对流动生产资本的投入。这与许庆和章元(2005)、Qin(2010)、王子成和郭沐蓉(2015)等对中国农民农业投资行为的研究保持一致。因而,研究显示非农就业对这一类生产性要素投入的消极效应大于积极效应(Azam 和 Gubert,2006;Damon,2010),综合效应表现为负向影响农户的流动性生产资本投入。

农业机械投入与土地并不直接相关,农户投入农业机械的主要目标是节省劳动力和提高农业生产效率(弗兰克·艾利思,2006)。就非农就业对农业机械的影响而言,虽然影响系数方向与流动性生产资本保持一致,但并未通过显著性水平检验,说明非农就业对农户农业机械投资没有显著影响,这与已有研究的结论并不一致。如 Zhao(2002)证实非农就业有利于农户对农业机械的投资,而 Ji 等(2012)和陈铁、孟令杰(2007)发现非农就业负向影响农户农机购买。我们认为,非农就业之所以对农业机械投资的影响不显著,一方面是由于非农就业虽然导致劳动力的损失,但是对绝大部分农户而言,这一缺失效应并不大。中国是典型的小农经营,需要的劳动力并不多,虽然非农就业带来了劳动力损失,但农村居民之间季节性帮工以及雇工市场发展能够缓解劳动力缺失效应(李明艳等,2010),家庭剩余农业劳动力仍有能力继续耕种。另一方面,即使农业生产出现较为严重的劳动力短缺,但由于农业经营规模不大,单个农户购买农业机械可能并不划算(屈艳芳、郭敏,2002)。尤其是近年来,专业化社会服务组织,尤其是农机服务队在农村大量涌现,诸多劳动密集型的生产环节都实现了外包化和机械化(Yang et al.,2013)。因而在农业生产环节外包化的背景下,农户并不需要购买农业机械,只需要购买农机服务即可(朱明莉,2013;纪月清、钟甫宁,2013)。非农就业与农业生产性投资:基准模型如表4-3所示。

表4-3　　　　　非农就业与农业生产性投资:基准模型

变量	流动性投资	农业机械投资
非农就业	-0.0048***	-0.0039
	(-4.55)	(-1.46)
劳动力人数	0.0595**	0.4620***
	(-2.26)	(-6.44)
家庭成员女性比例	0.1480	-0.2030
	(-1.35)	(-0.67)
家庭成员平均年龄	-0.0079***	-0.0200***
	(-4.35)	(-4.48)

续表

变量	流动性投资	农业机械投资
家庭成员平均受教育程度	0.0174 *** (-3.35)	0.0350 ** (-2.33)
家庭金融性资产价值	0.0228 *** (-3.65)	0.0948 *** (-5.31)
家庭非房贷性金融负债	0.0149 *** (-4.63)	0.0118 (-1.25)
家庭承包土地资产价值	0.0868 *** (-17.63)	0.1340 *** (-10.95)
家庭实际经营土地面积	0.0298 *** (-19.95)	0.0477 *** (-10.31)
村庄地理地貌	0.1370 *** (-8.63)	0.0918 ** (-2.01)
村庄交通情况	-0.0400 *** (-4.16)	-0.0169 (-0.63)
省份	已控制	已控制
常数	6.505 *** (-36.39)	-0.239 (-0.48)
观测值	4484	5297

注：***、**、* 分别表示1%、5%和10%的显著性水平，括号内为t值，下同。

非农就业对流动性生产投资有负面影响，而对农业机械投资没有显著影响。之所以非农就业对两类投入的影响存在差异，关键原因可能在于劳动力流失效应对两类投入的影响存在差异。前一类投入需要辅之以一定的农业劳动力来完成，通常是劳动密集型投入，而农业机械则属于劳动力替代型投资，能够对流失劳动力进行一定程度的替代。因而，非农就业会加剧减少前一类要素投资，但却有助于增加后一类投入，从而在综合效应上表现为非农就业负向影响流动性生产投资，而非农就业的正负效应对冲使得非农就业并不影响农业机械投入。

此外，对农户流动性生产投入而言，通过显著性检验的还有家庭劳动力人数、家庭成员平均年龄、家庭成员平均受教育程度、家庭金融性资产价值、家庭非房贷性金融负债、家庭承包土地资产价值、家庭实际经营土地面积、村庄地理地貌、村庄交通情况共九个控制变量。具体而言，家庭劳动力越多，农户越可能进行流动性生产资产投入。这可能是因为上述投入是劳动密集型的，需要更多农业劳动力来匹配，也有可能是因为家庭劳动力越多，农户家庭收入越高，越有能力进行此类投入。家庭成员平均年龄负向影响流动性投资，这说明家庭成员老年化不利于这一类投入，这也印证了这一类投入主要是劳动密集型的，老年化带来的体力下降不利于此类投入。家庭成员平均受教育水平正向促进流动性生产投入，说明教育是重要的，通过提升人力资本，能够改善农户对这一类投入。家庭金融性资产正向促进农户这一类投入，这说明家庭经济能力越强，农户越可能增加农业流动性生产要素投入。家庭非房贷性负债也正向影响这一类投入，这可能是因为农户的借贷主要是用于增加农业流动性投入。家庭承包地价值正向促进这一类投入，说明土地价值越高，农户越倾向于增加投入来维持土地价值，防止地力过度损耗。土地经营面积越大，农户越可能增加流动性要素投入，这与事实相符。

就农业机械投入而言，能够显著影响到农户农业机械投资行为的变量包括家庭劳动力数量、家庭成员平均年龄、家庭成员平均受教育程度、家庭金融性资产价值、家庭承包土地资产价值、家庭实际经营土地面积、村庄地理地貌共七个控制变量。因而，农户对上述两类的投资确实受到农户家庭层面人口特征、资产特征、土地特征和村庄层面特征的共同影响。具体的，家庭劳动力人数正向影响农业机械投资。这与我们的预期相反，这可能是因为现存的农业机械仍然以劳动密集型的小型机械为主（陈铁、孟令杰，2007）。农业如同流动性投资，家庭成员平均年龄也负向影响农户对农业机械的投入，说明家庭老年化会降低农户购置农业机械的动力。家庭成员平均受教育程度正向促进农户进行农业机械投资，说明教育对农业机械投入的影响是积极的。家庭金融性资产价值正向显著影响农户农业机械投入，说明家庭经济条件越好越有利于农户进行此类投资。类似的，家庭承包土地资产价值和家庭实际经营土地面积也正向促进农户的农业机械投入，说明土地价值越大，土地面积越大，越能够增加农户购置农机的几率。

与第三章相似，我们比较关注农户家庭劳动力老年化和女性化的影响。从上述结果来看，老年化对农户的两类农业生产投资均有显著的负向影响，表明老年化确实不利于农业的投入。对于女性化，结果显示（表4-3），家庭成员女性比例始终没有通过显著性水平检验，表明女性化对流动性生产投资和农业机械投资均未构成实质性影响。

4.4.3 分地区回归

上述分析表明，在整体层面上，非农就业显著负向影响农户对农业流动性生产的投入，但对农业机械投入没有显著影响。但中国是一个发展中大国，不同地区的发展存在明显的区域差异，这可能导致非农就业对农业生产投资影响的异质性。中国的地理地貌和经济发展高度重合，东部经济最为发达，中部次之，广袤的西部经济水平相对落后。因而按照东、中、西[①]将整体样本划分为3个分样本，分别进行拟合回归，以验证非农就业对农户农业生产性投资影响的稳健性。

---

① 样本中东部地区包括北京、天津、河北、辽宁、上海、江苏、浙江、福建、山东、广东10省（市），中部地区包括山西、吉林、黑龙江、安徽、江西、河南、湖北和湖南8省，西部地区包括广西、贵州、云南、重庆、四川、陕西、甘肃7省（市/自治区）。

第4章 非农就业、农地流转与农业生产性投资变化

拟合结果显示（见表4-4），在东部、中部和西部地区，非农就业对农业机械投资的影响均不显著，这与基准模型并无二致，说明非农就业不影响农业机械投入这一结论具有区域层面的稳健性。但非农就业对流动性生产投资呈现较为明显的区域特征。在东部和中部地区，非农就业仍然在1%的显著性水平上负向影响这一类生产要素投入，这与基准模型也保持一致，且影响力度超过整体样本。但在西部地区，非农就业对流动性生产投入的影响虽然仍保持负向，但不再通过显著性检验。之所以如此，这可能是因为西部地区发展较为落后，与东部和中部地区存在阶段差异。并且西部地区自然条件较为恶劣，土壤质量（肥力等）相对中东部稍差，需要投入更多的流动性生产要素才能够弥补天然的不足。而西部地区非农就业率相对较低，农户整体收入水平也较低，农业收入在其总收入构成中的比例仍然较高，这导致了西部地区农户仍然对农业十分看重。农业流动性生产要素投入对农业生产和农业收入的影响十分关键，在农业生产依然重要和农业生产条件恶劣的背景下，西部地区农户并不会因为非农就业而放弃或减少这部分收入，从而导致非农就业对这一类投资的影响尚不显著。

表4-4 非农就业与农业生产投资：分地区回归

变量	东部地区		中部地区		西部地区	
	流动性投资	农业机械投资	流动性投资	农业机械投资	流动性投资	农业机械投资
非农就业	-0.0051***	-0.0056	-0.0050***	-0.0002	-0.0012	-0.0054
	(-3.00)	(-1.42)	(-2.97)	(-0.04)	(-0.61)	(-1.08)
劳动力人数	-0.032	0.3140***	0.0434	0.3480***	0.1370***	0.5760***
	(-0.73)	(-2.84)	(-1.09)	(-2.72)	(-2.93)	(-4.40)
家庭成员女性比例	0.204	-0.379	-0.195	-0.9460*	0.183	0.318
	(-1.07)	(-0.79)	(-1.17)	(-1.65)	(-0.99)	(-0.61)
家庭成员平均年龄	-0.0026	-0.0122*	-0.0116***	-0.0202**	-0.0097***	-0.0230***
	(-0.88)	(-1.82)	(-4.31)	(-2.49)	(-2.89)	(-2.76)
家庭成员平均受教育程度	0.0221**	0.0733**	-0.0053	0.0105	0.0184**	0.0302
	(-2.50)	(-3.09)	(-0.68)	(-0.38)	(-1.98)	(-1.11)
家庭金融性资产价值	-0.0002	0.0233	0.0146	0.0929***	0.0513***	0.1350***
	(-0.01)	(-0.81)	(-1.63)	(-2.95)	(-4.62)	(-4.32)
家庭非房贷性金融负债	0.0086	-0.0012	0.0079*	0.0075	0.0270***	0.0359**
	(-1.52)	(-0.08)	(-1.67)	(-0.45)	(-4.88)	(-2.19)
家庭承包土地资产价值	0.0905***	0.1100***	0.0780***	0.1910***	0.0617***	0.0945***
	-11.37	-6.24	-9.72	-8.15	-7.06	-3.97
家庭实际经营土地面积	0.0693***	0.0611***	0.0428***	0.0791***	0.0142***	0.0433***
	(-18.91)	(-5.78)	(-18.11)	(-9.06)	(-6.40)	(-6.32)

续表

变量	东部地区		中部地区		西部地区	
	流动性投资	农业机械投资	流动性投资	农业机械投资	流动性投资	农业机械投资
村庄地理地貌	0.1060***	0.0571	0.0192	0.2630***	0.1810***	-0.0472
	(-3.93)	(-0.80)	(-0.73)	(-2.96)	(-6.34)	(-0.56)
村庄交通情况	-0.0007	-0.0009	-0.2230***	0.2490*	-0.1580***	0.0029
	(-0.06)	(-0.03)	(-5.30)	(-1.67)	(-5.31)	(-0.03)
省份	已控制	已控制	已控制	已控制	已控制	已控制
常数	5.9560***	0.157	7.0820***	-2.7620***	6.5240***	2.8280**
	(-19.55)	(-0.21)	(-26.24)	(-3.00)	(-16.00)	(-2.42)
观测值	1558	1925	1319	1556	1607	1816

4.5 非农就业对农业生产投资影响的稳健性检验

4.5.1 替代变量回归

基准模型使用的 CFPS2012 截面数据，与非农就业和农户的投资行为是同期数据，从而存在反向因果的可能。为减缓这一内生性，需要非农就业决策先于农户投资行为发生。参照黄季焜等（2012）的方法，使用历史非农就业率作为本期非农就业率的替代变量。但由于 CFPS 全国层面数据只能追溯至 CFPS2010，因而只能获得 2009 年农户家庭的非农就业情况。虽然这并不能够完全消除内生性问题，但能够在一定程度上减缓这一问题。

回归结果显示（见表4-5），方程中绝大部分变量的显著性和影响系数与基准模型保持一致，说明模型较为稳健。对于流动性生产投资（列1），非农就业依然通过1%显著性水平，且稳定地负向影响农户的这一类投入。同时，对于农户农业机械投入（列2），非农就业的影响依然不显著。因而，非农就业不利于流动性生产资产投入，且非农就业对农业机械投资影响不显著的结论具有稳健性。

在前述回归模型中，我们均引入省份虚拟变量来控制区域层面可能的影响。然而，考虑到省域内部农户特征和区域特征等诸多变量仍存在较大差异，因而引入县域层面虚拟变量来替代，并观察模型的稳健性。相对而言，6785 个样本农户分布在 134 个区县，这已经是很强的区域控制了（冷智花等，2015）。检验结果显示（表4-5），非农就业对流动性生产投资（列3）和农业机械投入（列4）的影响依然稳健，系数显著性和影响方向并没有发生变化，因而模型稳健性再次得到验证。

表4-5　　　　　　　　非农就业与农业生产投资：替代变量法

变量	(1) 流动性投资	(2) 农业机械投资	(3) 流动性投资	(4) 农业机械投资
非农就业	-0.0029***	0.0036	-0.0052***	-0.0024
	(-3.32)	(-1.46)	(-4.88)	(-0.91)
劳动力人数	0.1040***	0.5330***	0.0589**	0.4860***
	(-4.32)	(-9.61)	(-2.24)	(-6.76)
家庭成员女性比例	0.0561	-0.2340	0.1680	-0.3180
	(-0.52)	(-0.77)	(-1.54)	(-1.04)
家庭成员平均年龄	-0.0032**	-0.0165***	-0.0073***	-0.0234***
	(-2.22)	(-4.17)	(-4.07)	(-5.26)
家庭成员平均受教育程度	0.0175***	0.0332*	0.0196***	0.0191
	(-3.38)	(-2.21)	(-3.84)	(-1.28)
家庭金融性资产价值	0.0216***	0.0940***	0.0238***	0.0905***
	(-3.46)	(-5.27)	(-3.80)	(-5.05)
家庭非房贷性金融负债	0.0138***	0.0119	0.0150***	0.0108
	(-4.30)	(-1.26)	(-4.66)	(-1.14)
家庭承包土地资产价值	0.0872***	0.1370***	0.0850***	0.1410***
	(-17.69)	(-11.31)	(-17.23)	(-11.46)
家庭实际经营土地面积	0.0298***	0.0483***	0.0290***	0.0491***
	(-19.89)	(-10.44)	(-19.11)	(-10.39)
村庄地理地貌	0.1350***	0.0934**	0.1360***	0.0752
	(-8.53)	(-2.05)	(-8.58)	(-1.63)
村庄交通情况	-0.0404***	-0.0149	-0.0415***	-0.0103
	(-4.20)	(-0.56)	(-4.32)	(-0.39)
省份（县域）	已控制	已控制	已控制	已控制
常数	6.106***	-0.725*	6.304***	0.827*
	(-41.28)	(-1.78)	(-36.58)	(-1.74)
观测值	4484	5297	4484	5297

4.5.2　工具变量回归

从已有文献来看，很少有成果关注非农就业与农户农业生产性投资的相互影响,对内生性问题的关注严重不足。但实际上,非农就业和农户农业生产性投资也存在相互影响。当农户投入较多劳动力节省型投入,如农业机械,这会进一步减少农业劳动数量,从而能够增加非农就业。当农户投入更多的劳动密集型农业要素,就需要更多的农业劳动力,这可能会负向影响家庭的非农就业率。为缓解这种相互影响,在上述分析中,我们已经使用替代变量法处理这一问题,但这只能在一定程度上减缓这种内生性。更好的办法是找到合适的工具变量,这一工具变量应当满足两个基本条件,即在影响非农就业的同时并不影响农户的农业生产性投资行为。

参照已有的文献,本书使用农户所在村庄的非农就业率作为工具变量(Chang et al.,2012)。之所以如此,一方面是考虑到农户外出务工并不是盲目的,而是受到社会网络的深刻影响。特别是对乡村居民而言,村庄内部多为熟人,亲缘地缘关系印记深刻(Knight 和 Yueh,2008),外出务工也会互帮互带。另一方面,作为农户最重要的社会资本,村庄层面的非农就业率会对农户个体和家庭的非农就业有显著的影响。并且一个地方的外出务工风气也很重要,在非农就业率较高的村庄,农户外出务工会受到感染和相互模仿,在"羊群效应"的作用下也会有较高的非农就业率。但村庄层面的非农就业率对于家庭的农业投资行为却是相对外生的,因而引入这一变量作为工具变量是合适的(Mu 和 de Walle,2011),可以用来做进一步的稳健性分析。

使用工具变量进行2SLS估计,首先进行弱工具变量检验来判断工具变量的有效性。结果显示,第一阶段回归检验的F值大于10,且在1%的显著性水平上显著,表明不存在弱工具变量问题。因而,村庄非农就业率这一变量作为工具变量是合适的。工具变量回归结果显示(见表4-6),非农就业在5%的显著性水平上负向影响农户流动性生产投资,这与基准模型保持一致。此时,非农就业虽然依旧没有通过显著性检验,但作用方向发生改变,这意味着非农就业对农业机械投资的综合效应朝着正向发展。总体而言,工具变量回归结果显示,非农就业对两类生产性投入的影响具有稳健性。

表4-6　　　　非农就业与农业生产性投资:工具变量法

变量	流动性投资	农业机械投资
非农就业	-0.254**	0.066
	(-2.20)	(-0.78)
劳动力人数	-2.528**	1.669
	(-2.10)	(-1.15)
家庭成员女性比例	3.554**	-1.092
	(-2.19)	(-0.95)

第4章 非农就业、农地流转与农业生产性投资变化

续表

变量	流动性投资	农业机械投资
家庭成员平均年龄	-0.272**	0.036
	(-2.22)	(-0.53)
家庭成员平均受教育程度	0.04	0.013
	-1.84	(-0.41)
家庭金融性资产价值	0.071**	0.073**
	(-2.22)	(-2.05)
家庭非房贷性金融负债	0.043**	0.001
	(-2.44)	(-0.07)
家庭承包土地资产价值	0.085***	0.181***
	(-4.73)	(-2.94)
家庭实际经营土地面积	0.021***	0.054***
	(-2.87)	(-6.20)
村庄地理地貌	0.108*	0.068
	(-1.83)	(-1.34)
村庄交通情况	-0.069*	0.003
	(-1.84)	(-0.08)
省份	已控制	已控制
常数	30.64***	-7.755
	(-2.73)	(-0.85)
观测值	4455	5261

4.6 农地流转的中介效应分析

非农就业带来的家庭劳动力资源的再配置通常会影响到家庭土地资源的再配置，这一点早已得到诸多文献的证实（Kung，2002；Ma et al.，2015）。在前述机理分析中，我们也推断，非农就业可能会通过农地流转来影响农业生产性投资，即农地流转可能是一个中介变量（Mediator）。对于中介效应，需要通过管理学和心理学领域常使用的中介效应方程来验证。为了验证农地流转是否为非农就业影响农业生产投资的中介变量，参照已有的研究，拟定通过以下三个方程进行检验（Baron、Kenny，1986；温忠麟等，2004）。

$$Invest_{vi} = c_1 \times off\text{-}farm + c_i X_{vi} + e_1 \quad (4.2)$$

$$lz = a_1 \times off\text{-}farm + a_i X_{vi} + e_2 \quad (4.3)$$

$$Invest_{vi} = a_1' \times off\text{-}farm + b \times lz + c_i' X_{vi} + e_3 \quad (4.4)$$

方程（4.2）分析的是关键自变量非农就业对两类农户农业生产性投资的影响，系数 c_1 为关键自变量对因变量的总效应。方程（4.3）分析的是关键自变量

对中介变量土地流转（转入或转出）的影响，系数 a_1 为关键自变量非农就业对中介变量农地流转的效应。方程（4.4）是同时分析中介变量和关键自变量对因变量的影响，系数 a_1' 为控制住中介变量的影响后，关键自变量对因变量的直接效应，e_1、e_2、e_3 是回归残差。此外，在考察中介作用的效果时，本书使用的样本量均远远超过 500 份有效样本的基本要求（郑建君，2015）。

中介效应的传统逐步检验法是通过 c_1、a_1、b 和 a_1' 四个系数的显著性和数值变化来判断的（温忠麟等，2004；钱龙、钱文荣，2015）。具体来说，第一步是检验方程（4.2）中的系数 c_1（即检验 $H_0: c_1 = 0$），当 c_1 通过显著性检验时，进入第二步，否则停止。第二步是检验方程（4.3）中 a_1（即检验 $H_0: a_1 = 0$）和方程（4.4）中 b（即检验 $H_0: b = 0$），有文献又称为联合显著性检验（Hayes，2009）。当 a_1 和 b 都显著时，说明中介效应显著，进入第三步。如果至少有一个不显著，由于该检验的功效较低，进入第四步。第三步，检验方程（4.4）中的系数 a_1' 的显著性。当 a_1' 不显著时，是完全中介效应，当 a_1' 显著，则为部分中介效应。第四步，做 Sobel 检验。如果显著，意味着中介效应显著，否则中介效应不显著，检验结束（Sobel，1982）。

然而，近年来，中介效应分析得到了进一步的发展，逐步检验法并不需要 c_1 通过显著性水平为前提，且 Sobel 法的有效性低于 Bootstrap 法（温忠麟、叶宝娟，2014）。更有效的检验流程为：第一步，检验方程（4.2）的系数 c_1，如果显著，按中介效应立论；如果 c_1 不显著，则按遮掩效应立论。但无论 c_1 是否显著，都要进行后续检验。第二步，依次检验方程（4.3）的系数 a_1 和方程（4.4）中 b，如果两个系数都显著，则中介效应显著，转到第四步；如果至少有一个不显著，则进行第三步。第三步，用 Bootstrap 法直接检验 $H_0: a_1 b = 0$。如果不显著，则停止分析；如果显著，则中介效应显著，进行第四步。第四步，检验方程（4.4）中的系数 a_1' 的显著性。如果显著，即直接效应显著，进行第五步；如果不显著，说明只有中介效应。第五步，比较 $a_1 b$ 和 c 的符号，如果同号，属于部分中介效应；如果异号，则属于遮掩效应。

为验证非农就业是否通过农地流转这一中介变量来影响农户的农业生产性资产投资，首先对模型中所涉及的变量进行中心化处理，并分别运行方程（4.2）、方程（4.3）和方程（4.4）。由于方程（4.2）回归结果与基准模型相差不大，因而在表 4-7 和表 4-8 中只显示方程（4.3）和方程（4.4）的回归结果。其中列 1 为模型 3，列 2 和列 3 为模型 4，并分别对应农户的流动性生产资产投资和农业机械投入。

考察农地转出作为中介变量是否存在中介效应时，结果显示（见表 4-3 和表 4-7），对于流动性生产资产，非农就业通过显著性水平检验（c_1 显著），即直接效应显著。进入第二步，非农就业正向显著促进土地转出（a_1 显著），但是中介变量土地转出没有通过显著性检验（b 不显著），进入第三步，用 Bootstrap 法直接检验 $H_0: a_1b=0$，结果发现，间接效应不显著。因而对于流动性生产资产而言，仅仅存在直接效应。对于农业机械投资，非农就业没有通过显著性水平检验（c_1 不显著），因而按遮掩效应立论。进入第二步，非农就业正向显著影响农地转出（a_1 显著），中介变量土地转出负向显著影响农业机械投资（b 显著），说明间接效应明显。进入第四步，此时非农就业影响系数 c' 不显著，说明直接效应不显著。因而对于农户农业机械投入，中介效应存在，非农就业只通过农地转出这一中介来间接影响农户投入决策。

表4-7　农业生产性投资：农地转出的中介效应

变量	（1）土地转出	（2）流动性投资	（3）农业机械投资
土地转出	—	-0.1110 (-1.51)	-0.4960 *** (-2.81)
非农就业	0.0016 *** (-7.95)	-0.0048 *** (-4.51)	-0.0030 (-1.14)
劳动力人数	-0.0193 *** (-3.46)	0.0590 ** (-2.24)	0.4530 *** (-6.31)
家庭成员女性比例	0.0185 (-0.78)	0.1500 (-1.37)	-0.1940 (-0.64)
家庭成员平均年龄	0.0025 *** (-7.12)	-0.0078 *** (-4.28)	-0.0187 *** (-4.18)
家庭成员平均受教育程度	0.0037 ** (-3.17)	0.0176 *** (-3.40)	0.0368 ** (-2.45)
家庭金融性资产价值	0.0025 * (-1.81)	0.0228 *** (-3.66)	0.0960 *** (-5.38)
家庭非房贷性金融负债	0.0004 (-0.51)	0.0149 *** (-4.64)	0.0120 (-1.27)
家庭承包土地资产价值	-0.0064 *** (-6.71)	0.0864 *** (-17.54)	0.1310 *** (-10.66)
家庭实际经营土地面积	-0.0020 *** (-5.52)	0.0297 *** (-19.84)	0.0467 *** (-10.08)
村庄地理地貌	0.0102 *** (-2.87)	0.1370 *** (-8.66)	0.0969 ** (-2.12)
村庄交通情况	-0.0058 *** (-2.79)	-0.0404 *** (-4.20)	-0.0198 (-0.74)
省份	已控制	已控制	已控制
常数	-0.0248 (-1.85)	-0.3120 *** (-5.18)	-0.9330 *** (-5.43)
观测值	5297	4484	5297

注：***、**、* 分别表示1%、5%和10%的显著性水平。

相似的，考察农地转入的中介效应模型时（见表 4-3 和表 4-8），结果显示，对于流动性生产资产，非农就业通过了显著性水平检验（c_1 显著），即直接效应显著。进入第二步，非农就业并没有负向显著影响土地转入（a_1 不显著），但中介变量土地转入对农户流动性生产资产投入的影响显著（b 显著）。进入第三步，用 Bootstrap 法直接检验 $H_0: a_1 b = 0$，结果发现，间接效应不显著。进入第四步，列 2 中非农就业的影响系数（c'）通过显著性检验，说明直接效应显著。即非农就业仅仅直接影响农户的流动性生产资本投资，没有通过农地转入这一中介来影响农户的流动性生产投资。

表 4-8　　　　　农业生产性投资：农地转入的中介效应

变量	（1）土地转入	（2）流动性投资	（3）农业机械投资
土地转入		0.4870***	0.7730***
		(-11.23)	(-5.76)
非农就业	-0.0006	-0.0045***	-0.0035
	(-2.37)	(-4.24)	(-1.32)
劳动力人数	0.0258***	0.0459*	0.4390***
	(-3.51)	(-1.77)	(-6.13)
家庭成员女性比例	-0.1450***	0.2190**	-0.0715
	(-4.64)	(-2.02)	(-0.23)
家庭成员平均年龄	-0.0017***	-0.0069***	-0.0189***
	(-3.71)	(-3.84)	(-4.23)
家庭成员平均受教育程度	0.0009	0.0167***	0.0350**
	(-0.60)	(-3.26)	(-2.33)
家庭金融性资产价值	0.0022	0.0215***	0.0929***
	(-1.19)	(-3.49)	(-5.22)
家庭非房贷性金融负债	0.0049***	0.0124***	0.0077
	(-5.07)	(-3.89)	(-0.82)
家庭承包土地资产价值	0.0042***	0.0848***	0.1300***
	(-3.32)	(-17.36)	(-10.65)
家庭实际经营土地面积	0.0091***	0.0254***	0.0404***
	(-19.29)	(-16.65)	(-8.47)
村庄地理地貌	-0.0166***	0.1450***	0.1080**
	(-3.55)	(-9.24)	(-2.38)
村庄交通情况	-0.0072***	-0.0360***	-0.0128
	(-2.64)	(-3.79)	(-0.48)
省份	已控制	已控制	已控制
常数	0.0483***	-0.3280***	-0.9640***
	(-2.74)	(-5.52)	(-5.62)
观测值	5282	4471	5282

对于农业机械投入而言,非农就业没有通过显著性水平检验(c 不显著)。进入第二步,列 1 中的非农就业(a_1)不显著,列 3 中的土地转入(b)显著,经过 Bootstrap 法直接检验,证实间接效应显著。进入第四步,此时非农就业(c')不显著,说明直接效应不显著。因而对于农户农业机械投资,直接效应并不存在,但非农就业会通过农地转出来间接影响农业机械投资。

从上述分析来看,对于流动性生产投资和农业机械投资,农地转入和农地转出的中介效应存在差异(表 4-9)。其中,对于农户流动性生产投资而言,农地转出和农地转入的中介效应均不存在。此时,命题 2 和命题 3 均不成立。但对于农户的流动性生产投资而言,只有农地转出符合中介效应检验标准,而农地转入并不符合。此时,命题 2 不成立,只有命题 3 成立。

表 4-9　　　　农业生产性投资:农地转入和农地转出中介效应

对象	中介变量	直接效应是否显著	是否存在中介效应
流动性生产投资	农地转出	是	否
农业机械投入	农地转出	否	是
流动性生产投资	农地转入	是	否
农业机械投入	农地转入	否	否

4.7　本章小结

本章分析了非农就业对农户农业生产性投资的影响,从理论上较为全面地阐述了非农就业对农业生产性投入的直接影响机理(五种效应)和通过农地流转的间接影响机制,并基于中国家庭动态跟踪调查 CFPS 数据进行了实证分析。本章的研究结果表明:(1)基准回归发现,非农就业显著负向影响农户对农业流动性生产资本的投入,但对农业机械投入的影响不显著。非农就业对农业流动性生产要素的投入存在区域差异性,东部和中部地区均受到非农就业的显著负向影响,但在西部地区这一影响并不显著。但非农就业对农业机械投入的影响并不存在区域差异性。(2)使用替代变量回归模型和工具变量模型进行的验证性分析表明,非农就业依然显著的负向农户流动性生产投资,且非农就业依旧不影响农业机械投资。即非农就业对两类农业生产性投入的影响具有稳健性。(3)对农地流转的中介效应进行验证性分析时发现,农地转出不是农户流动性生产投资的中介变量,但却是农业机械投资的中介变量。同时,农地转入并非是影响流动性生产投资和农业机械投资的中介变量。

第 5 章 非农就业、农地流转与留守人员农业劳动供给变化

5.1 引言及文献综述

城镇化是人类社会的普遍规律,中国也不例外。长期以来,我国的城镇化发展滞后,但在改革开放之后,随着城乡二元体制的放松和经济社会的持续发展,中国的城镇化水平快速上升。1978 年,这一比例还只有 17.92%,2011 年的中国内地城市化率首次突破 50%。截至 2015 年底,我国的城镇化水平已经达到 56.1%。然而,需要指出的是,由于户籍制度进入障碍(Chang et al., 2011),中国城镇化的质量仍然较低,户籍人口城镇化水平只有 39%,远远低于常住人口的城镇化率。之所以如此,主要是 2.77 亿在城农民工尚未完全融入城市。为了实现家庭风险最小化,进城农民工通常不会放弃最后的退路——农村土地。在部分家庭成员进入城市务工时,仍会留下部分成员继续从事农业生产。通常而言,进入城市务工的多为年轻人和男性,而留在农业生产的多为中老年和女性。那么,我们十分感兴趣的是,家庭劳动力流失会对农业留守人员的劳动供给产生哪些影响?劳动力投入是农业生产中最重要的生产要素,关系到农业可持续发展和粮食安全等问题(周宏等,2014),因而在城镇化背景下研究这一议题有着十分重要的理论与现实意义。

国外研究者主要从劳动迁移引致的劳动力损失和汇款带来的收入增长视角,着重分析了非农就业对留守家庭成员,特别是老人和女性劳动供给的影响,但不局限于农业劳动供给。如 Rodriguez 和 Tiongson(2001)对菲律宾马尼拉农户的实证研究表明,汇款降低了其他家庭成员的劳动参与率。Cameron(2001)以印度尼西亚老年农户为分析对象,发现子女外出务工带来的汇款并不能有效降低老年人的农业劳动供给。Funkhouser(2006)利用 1998~2001 年尼加拉瓜的面板数据分析了移民和汇款对家庭成员劳动参与的影响,证实汇款对其他家庭成员劳动力供给的影响是可以忽略的。Lokshin 和 Glinskaya(2009)对尼泊尔国际移民的

研究表明，农户家庭男性劳动力外出务工会显著降低女性劳动力的市场就业率。Wang（2016）基于墨西哥 MFLS 微观调查数据，同样也分析了男性成员移民对留守女性劳动力供给的影响，发现国内移民并不影响女性劳动力的劳动参与率。

但由于移民、汇款和留守成员就业和劳动供给存在内生性问题、样本选择性偏差问题，这使得传统的 OLS 回归存在偏差。为应对上述问题，Amuedo-Dorantes 和 Pozo（2006）使用工具变量法分析了汇款对墨西哥农户家庭的影响，发现汇款并不会减少留守家庭成员的劳动参与。Dermendzhieva（2009）在既有研究的基础上，使用多种工具变量稳健地分析了阿尔巴尼亚移民的影响，证实汇款仅仅减少老年男性（45 岁以上）的农业劳动供给，但却对女性的农业劳动供给没有显著影响。另一项关于墨西哥的研究则应用 PSM 克服样本选择偏差和反向因果关系，证实了汇款对家庭留守成员的劳动参与率的影响十分有限（Cox-Edwards and Rodri'guez-Oreggia，2009）。Binzel 和 Assaad（2011）对比分析了移民且获得汇款的家庭与移民但并没有获得汇款的家庭，应用 PSM 模型证实埃及农村地区的妇女会因为男性劳动力外出务工而增加家庭劳务时间，从而减少了市场劳动参与率。Acosta（2006）同时运用工具变量法和 PSM 模型分析了萨尔瓦多国际移民对农户家庭劳动力的影响，证实汇款只能够减少成年女性的农业劳动参与率，却对男性劳动力的劳动供给没有影响。还有少数学者使用外生冲击或政策来规避移民决策的内生性，如 Yang（2008）以菲律宾农户家庭为研究对象时，使用亚洲金融危机作为准自然实验来克服样本自选择和内生性问题。类似的，Gibson 等（2009）分析了新西兰的汤加移民如何影响农户家庭劳动供给，使用 PAC 移民配额政策来克服内生性问题，结果证实人口迁移并不会影响老年人（46 岁及以上）的劳动供给，但是却会降低家庭整体和中青年成年人的劳动供给。

可见，即使克服了内生性和样本选择性偏差问题后，在不同国别情景下，得出的结论仍有较大差异。劳动力迁移能否降低留守家庭成员，尤其是女性和老人的劳动供给仍然有很大争议（Konica and Filer，2009）。

在中国情景下，少数学者关注了家庭成员外出后会对女性劳动力供给有何影响。除部分描述性分析外，只有 Chen（2006）、Mu 和 de Walle（2011）基于 CHNS 数据系统考察了男性外出务工后对留守女性劳动供给的影响，结果证实外出务工会增加女性农业劳动供给。国内研究更多关注的是，子女外出务工后对老年人农业劳动供给有何影响。早期的研究多表明，子女外出后，老年人的农业劳动负担会加重（杜鹏等，2004）。为保障农业生产，老年人的劳动参与率会增加。如庞丽华等（2003）用 2000 年农户抽样调查数据发现，家庭外出务工人数越多，老年人（50 岁以上）的劳动参与率越高。白南生等（2007）基于安徽省枞阳县三个村的调查，分析了子女外出务工对老年人（50 岁以上）劳动参与率的影响，证实非农就业会提升老年人的劳动参与率。吴海盛（2008）基于江苏省 977 名

60岁以上农村老人的调查，运用Probit模型分析了非农就业对老年人劳动参与率的影响，证实农户家庭非农就业人数越多，老年人参与劳动概率越大。也有不同的意见，如周春芳（2012）对江苏省662名60岁以上老年人的农业劳动供给的实证分析表明，家庭非农就业人口的增加不仅没有增加老年人的劳动时间，反而减少了老年人的农业劳作。但上述文献均没有考虑到反向因果和样本选择偏差，因而结论的可靠性值得怀疑。

近年来，国内部分学者开始尝试使用较为权威的公开数据库来进行分析，也更倾向于和国外同步，使用工具变量法、Heckman两步法、PSM来控制可能的内生性和样本选择性偏差问题。如李琴、孙良媛（2011）和Chang等（2011）均使用1997~2006年CHNS数据分析了农户家庭非农就业对留守老人（50岁以上）农业劳动时间的影响，运用Iv-tobit模型证实，家庭外出务工人口增加时，老年人的劳动时间也会增加，且女性老人要多于男性老人。杨志海等（2015）利用CHARLS2011全国基线调查中的农村中老年样本（45岁及以上）进行的实证研究表明，非农就业减少了中老年的农业劳动供给时间。

既有成果为进一步研究非农就业对留守人员农业劳动供给行为变化的影响奠定了良好基础，对本书的研究具有重要的启示和借鉴意义。然而，已有研究仍然存在以下三点不足：第一，受到数据限制，多数研究数据陈旧，且样本量偏小，关于中国情景的研究尤其如此，只有少数研究开始使用全国大样本调查进行分析，因而很难及时和全面地反映出非农就业对农业留守人员劳动供给行为的影响。第二，当前大部分研究多针对留守老人或留守女性，对全体留守人员农业劳动供给行为的研究较为匮乏。虽然中国农业生产出现老年化和女性化的趋势，但农业生产中并非只有这两种群体（郭晓鸣等，2014）。农业生产的主要劳动力集中在40~60岁之间（李昊、赵连阁，2009），而女性在中国农业生产中比例也仅仅只有49.8%（原新、刘厚莲，2015）。第三，机理分析方面，国内外的研究多聚焦于劳动力流失的"替代效应"和汇款带来的"收入效应"的影响，却很少考虑到农地流转在其中的作用。实际上，非农就业很可能通过农地流转来间接影响农户家庭留守人员的劳动力供给（李琴、宋月萍，2009；张会萍等，2016）。基于此，本章节综合运用二元Probit模型、删失因变量Tobit模型、工具变量法和PSM模型，利用北京大学CFPS2012全国大样本微观调查数据，实证分析了非农就业对农业留守人员劳动供给行为，其中包括对留守中老年人和留守女性劳动供给行为的影响。本书还验证了非农就业是否通过农地流转这一中介来影响留守人员的劳动供给，从而拓展非农就业影响留守人员农业劳动供给的作用机制。

本章后续安排如下：5.2进行理论与机理分析。5.3介绍了数据来源，并对变量设置进行说明。5.4首先进行描述性分析和基本方程回归，进一步对老年群体和女性群体进行了分析。另外，我们还进行了分区域的分析。5.5是稳健性检验，主要是使用工具变量法和倾向得分匹配法，对基准回归结果做进一步验证。5.6 为中介效应方程，来验证农地流转的中介效应是否存在。5.7 为本章小结。

5.2 理论与机理分析

家庭成员外出务工后会对留守家庭成员的劳动供给产生何种影响，一直是一个焦点性的议题。在新移民经济学（NELM）看来，移民和非农就业决策并不是个体层面做出的，而是基于家庭层面做出的决策，目标是家庭收益最大化和风险最小化（Taylor et al.，1999；Taylor and Martin，2001）。外出家庭成员和留守家庭成员之间存在着隐性的契约关系（Fapohunda and Todaro，1988；Rapoport and Docquier，2006），即外出务工的人要为留守成员提供汇款收入来改善生活、增强抗风险能力。这一点也得到国内外诸多研究的证实，无论是中国农民工进城务工就业这种国内移民，还是亚洲、非洲、中东欧、拉丁美洲等发展中国家输出的国际移民，大多会在外出务工后向留守家庭人员寄出汇款（Adams and Cuecuecha，2010；Zhu et al.，2014；卢海阳、钱文荣，2014）。已有文献也主要从家庭劳动力转移至非农产业，从而导致的农业劳动力减少，导致留守劳动力农业劳作负担增加的"替代效应"，以及非农就业带来的汇款收入增加的"财富效应"来分析留守人员的农业劳动供给行为。

一方面，劳动力转移至非农产业会导致家庭农业生产中劳动力的减少，这直接减少了农业生产的劳动数量供给（Taylor et al.，2003；王子成，2015）。假如农业生产规模不变，且农业中并不存在过剩劳动力，那么农业劳动力减少时，为了维持农业生产，留守人员就必须增加农业劳动时间供给，此为"替代效应"。当然，如果存在较为完善的农村雇工市场，农户可以通过雇佣农业劳动力来弥补流失的家庭劳动力（Mathenge et al.，2015）。但由于发展中国家普遍存在农村要素市场发育的不完善性（Bowlus and Sicular，2003），而农业生产季节性特征产生的集中需求，使得农村雇工市场常常不能够满足家庭对额外劳动力的需求。即使有雇工参与，但由于激励不足和监督成本较高，雇工对家庭劳动力的替代作用十分有限（Chang et al.，2012）。因而，农户会尽可能充分使用家庭自有劳动力，整体上，非农就业导致的劳动力流失会增加留守人员的劳动供给。

另一方面，非农就业会带来汇款收入的增加，可能会负向影响留守家庭成员的农业劳动供给。当部分家庭成员进入非农产业后，家庭整体的收入水平通常会大幅上升，留守农业的人员也能够获得更多的汇款收入（Randazzo and Piracha，2014）。非农收入的增长使得农业收入的相对重要性下降，家庭对农业生产的依赖度会下降。此时，留守人员很可能会增加闲暇时间而减少农业劳动时间（Cao 和 Birchenall，2013）。有一些研究也证实，农村留守人员经营下的农业出现了

"粗放化"趋势，传统的精耕细作正逐渐被"懒人农业"所替代（陈风波、丁士军，2006）。汇款减少留守人员劳动供给的另一途径是改善农业技术效率和提升劳动生产率。汇款收入的增加使得留守成员的收入约束边界被大大扩展，能够增加劳动力节省型投入，比如购买农业机械（Wang et al.，2016）或者获得农业机械服务（纪月清、钟甫宁，2013），从而减缓留守成员的劳动供给压力。因而汇款带来的"财富效应"会减少农业留守人员的劳动供给。

除了上述两种影响途径外，非农就业还能够通过农地流转来影响留守人员的农业劳动供给，即农户家庭会联合考虑留守劳动力和土地资源的利用效率，而这多被以往研究忽略。对农户家庭而言，劳动力资源和土地资源是最为重要的两种资源。劳动力迁移导致了劳动力资源在农业和非农业的重新配置，为实现家庭收益最大化和资源利用效率最大化，通常而言，土地资源也会重新配置（Kung，2002；Zhang et al.，2004；廖洪乐，2012；Arthi and Fenske，2016）。在当今中国，随着土地产权的稳定和国家对农地流转的扶持鼓励，农户家庭已经能够充分利用农地流转来重新配置土地资源，农地流转市场也快速发展起来（张璟等，2016；钱忠好，冀县卿；2016；何欣等，2016）。对于劳动力充足的家庭，不仅能够兼顾自家农业生产，而且有能力、有条件扩大农业生产规模；对于劳动力不足的农户家庭，则能够通过流转市场顺利地将土地转出来获取财产性收入，同时避免土地抛荒对地力的损害和相应的地租损失。前者为了更充分地利用劳动力资源和提升家庭收入水平，通常会转入土地来扩大种植规模。而土地规模的扩大也会对留守成员劳动力供给产生正向反馈，留守人员劳动力供给会相应增加。而劳动力不足的农户家庭，留守人员则会因为转出土地、种植规模进一步缩小，所需农业劳动力和留守农业劳动供给也会相应减少。

整体而言，非农就业影响农业留守人员的劳动供给的途径既包括讨论最为广泛的"替代效应"、"财富效应"，还包括间接的"流转效应"（见图5-1），三种效应会正向或负向地影响农业劳动力供给。理论推断如此，但实际效应如何，仍然有待进一步的实证研究。

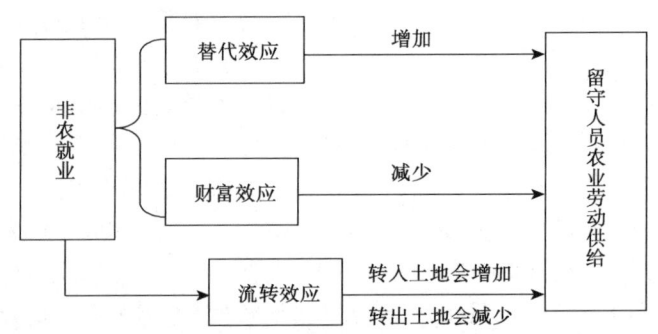

图5-1 非农就业、农地流转与留守人员劳动供给的影响机理

5.3 数据来源与变量设置

5.3.1 数据来源与处理

本书的数据来源于北京大学中国家庭动态跟踪调查（China Family Panel Studies，CFPS）2012 年的全国基线追踪调查，该调查旨在通过追踪调查个体、家庭、社区三个层次的数据，反映中国社会、经济和人口等方面的变迁。北京大学中国社会科学调查中心于2010 年在全国展开基线调查，覆盖 25 个省、市、自治区（除港澳台地区及新疆、西藏、青海、内蒙古、宁夏、海南），采用三阶段不等概率的整群抽样设计。这 25 个省、市、自治区的人口约占全国总人口（不含港、澳、台）的 95%，因此，CFPS 可以视为一个全国代表性样本。基于本书研究目的，只保留那部分留守在农村的农户家庭个体。由于 CFPS2012 中没有村庄层面的数据，因而将其与 CFPS2010 数据库进行匹配，最终样本为 4418 个农户。

5.3.2 变量设置与说明

为验证非农就业对农业留守人员的直接影响，以及非农就业是否通过农地流转间接影响留守人员劳动供给，在参考已有文献的基础上，本书的实证模型将引入一系列变量。具体包括被解释变量留守人员的农业劳动供给、核心解释变量非农就业和农地流转，控制变量包括农业留守人员的个体特征、农户家庭特征、村庄层面特征，以及省域特征。各维度变量的设置与解释如下：

1. 留守人员农业劳动力供给

该变量是本章的因变量，早期的研究多关注留守人员的农业劳动参与率（Acosta，2006；白南生等，2007），但目前越来越多的学者使用农业劳动供给时间（Chang et al.，2011；杨志海等，2015）来表征这一变量。本书同时采纳上述这两种测度方式，但由于劳动供给时间能更好地反映农户农业劳动供给特征，因而本书以对劳动供给时间的分析为主。其中农业劳动参与率根据 CFPS2012 中的问题"过去一年，您有没有为自家从事农业生产活动？"来识别。对于农业劳动供给时间，CFPS 设计了三个层次的问题："过去一年，您有几个月为自家从事农业生产活动？""过去一年，农忙时候，您一般每月有几天时间为自家从事农业生产活动""过去一年，您一般每天有几小时为自家从事农业生产活动"。因而，本书将留守人员的农业劳动供给时间定义为"2011 年小时数 = 月份×天数×小时",并进行对数化处理①。

2. 非农就业

家庭非农就业情况是本书的关键解释变量,既有文献多使用"家中是否有成员外出务工"或"家中至少有一名成员外出务工"(Gibson et al.,2009),也有部分学者使用"家庭外出务工人数"这一变量(李琴、宋月萍,2011;Chang et al.,2011)或"非农收入占家庭总收入比重"(杨志海等,2015;张锦华等,2016)来表示家庭非农就业。但考虑到本书主要关注家庭层面劳动力资源的配置情况,因而使用家庭成员的非农就业率这一指标来显示。相对而言,这一变量能够更好地显示出家庭内部劳动力资源在非农业领域和农业领域的配置(Kung,2002;Feng et al.,2010;马瑞等,2011)。

3. 农地流转

农地流转是本书的中介变量,参照既有研究,选择农户家庭是否参与农地转出或转入来分别测度其土地流转行为(Feng 和 Heerink,2008;Jin 和 Deininger,2009;冷智花等,2015)。

4. 留守成员个体特征

留守成员个体特征包括性别、年龄、年龄的平方、受教育程度、健康水平5个变量。

(1) 性别。性别因素意味着心理、生理、文化和分工的差异。男性相对于女性而言,在农业生产中更具优势。因而在传统家庭分工中,"男主内,女主外",男性通常是农业生产的中坚,而女性则更多地进行家庭劳务和照顾子女、老人或孙辈(Binzel and Assaad,2011)。因而预期男性相对于女性,劳动参与率更高,劳动供给时间也越长。

(2) 年龄和年龄的平方。农业生产主要是体力劳动,随着年龄的增长,人体的机能会逐渐成熟,到一定年龄后会逐步衰退,变得越来越无法胜任农业劳动(Sun et al.,2011)。因而预期随着农户年龄的增长,农户的劳动参与率和农业劳动时间会呈现先增加后下降的趋势。

(3) 受教育程度。受教育程度是反映个体人力资本的重要指标,通常而言,受教育程度越高,农户掌握知识和技能的能力越强,越可能在非农领域找到合适的工作。相对于农业生产,非农工作能够带来更高的收入水平,因而预计教育水平更高的农户更倾向增加非农兼业就业时间,减少农业参与和农业劳动时间供给。本书使用农户实际接受的教育年限来表征这一变量。

(4) 健康水平。健康是个体另一类重要的人力资本。农业生产主要为体力

---

① 由于部分留守人员的劳动供给时间为0,为减少样本损失,将时间加1后再进行对数化处理。后面的家庭总资产价值、农业机械总价值也采取相同办法处理,不再赘述。

劳动,良好的体魄有利于农户应付农业生产对体力劳动的要求(庞丽华,2003),健康状况差则不利于农户从事农业生产。如吴海盛(2008)研究表明,健康提升了农户农业劳动参与率,但是同时,健康也有利于农户获得非农工作。关于中国农民工劳动供给的研究也表明,外出务工人员的健康有助于提升个体非农就业机会和提升非农收入水平(魏众,2004)。因而健康是促进还是减少了农业劳动供给尚不能确定。借鉴刘国恩等(2004)和 Ning 等(2016)的做法,选择个体自评健康程度(SRH)来表示。由于个体对自身健康有较强的把握能力,使用这一变量是合适的。

5. 农户家庭特征

农户家庭特征具体包括家庭人口特征和家庭经营特征,前者包括家庭劳动力人数、家庭成员平均年龄、家庭成员女性比例、家庭成员平均受教育程度4个控制变量,后者包括家庭实际经营土地面积、家庭总资产、农业机械3个控制变量。

(1) 家庭劳动力人数。家庭劳动力规模是影响农业生产的一个关键控制变量,当家庭劳动人数较多时,单个个体可能不需要参加或者很少参加农业生产,而家庭劳动人数较少时则相反。劳动力转移至非农产业则可能加重留守人员的负担,提升其农业劳动参与率与劳动时间供给。因而,预期这一因素会负向影响留守人员的农业劳动负担。

(2) 家庭成员平均年龄。这一变量是用来考察家庭生命周期对农业劳动供给的影响。当农户家庭成员平均年龄较大时,表明家庭的老年化程度高,那么留守人员就需要花更多时间在家庭照顾和劳务方面,可能会相应减少农业劳动。但同时,家庭老年化程度高,留守人员又不得不更多地负担起家庭农业生产,可能会增加农业劳动供给。因而,家庭成员平均年龄的影响尚不能断定。

(3) 家庭成员女性比例。使用这一变量是用来分析女性化对农业生产的影响,当家庭成员女性比例较高时,由于女性天然的生理劣势,不利于农业劳动供给,女性的比较优势在家庭劳务方面。因而,预期家庭成员女性成员较多时,会加重其他留守人员的农业劳动负担。

(4) 家庭成员平均受教育程度。家庭层面的教育水平对家庭劳动力资源配置有着十分重要的影响,当家庭整体文化水平较高时,更多的家庭成员会进入非农产业,这可能会增加家庭留守人员的农业劳动供给。但家庭整体教育水平越高,家庭整体收入水平也相对高,可能会减少留守人员农业劳动供给。本书使用农户家庭所有成员的平均受教育年限来表示这一变量。

(5) 家庭实际经营土地面积。土地规模是影响农户农业劳动供给最为关键的因素之一,当家庭实际经营面积较大时,在其他条件不变时,留守人员就不得不投入更多的劳动以维持农业生产(Chang et al., 2011),留守人员的劳动参率和劳动时间都会上升。因而，预期家庭实际经营土地面积会增加留守人员的劳动供给。

（6）家庭总资产。家庭的财富水平对农户的劳动供给行为也有显著的影响，当农户家庭较为富有时，农业生产对农户家庭的重要性下降，闲暇的机会成本上升（Cao and Birchenall，2013），因而留守人员有可能减少农业劳动供给。但另一方面，更高的家庭财富水平会促使家庭成员进入城镇，农业生产中的劳动力会减少，这又会增加留守人员的劳动供给（Acosta，2006）。因而，家庭资产的影响也无法确定。本书使用家庭总资产价值的对数来表示家庭的富裕程度。

（7）农业机械[①]。农业机械对农业劳动力具有替代作用，当农户家庭拥有更多的机械时，有利于提升农业耕作效率，有助于减缓劳动力劳作负担，从而能够减少劳动力投入（杨志海等，2015）。因而预期农业机械会降低留守人员的农业劳动参与率和劳动时间。本书使用农户家庭拥有的各类农业机械（包括拖拉机、脱粒机、抽水机等）总价值（元）的对数来表征这一控制变量。

6. 村庄层面特征

以往诸多研究多忽视这一层面的影响，本书则根据 CFPS2010 中提供的社区层面问卷，引入村庄经济发达水平、村庄雇工工资水平、村庄交通情况、村庄地理地貌 4 个控制变量，以控制村庄层面因素可能的影响。

（1）村庄经济发达水平。相对来说，村庄经济发展水平越高，一方面，农村居民外出务工的动力会相对降低，即使处于兼业状态，也能够更多参与农业生产；另一方面，生活水平的提升会降低农户对农业的依赖程度，会减少农业劳动供给。因而，村庄经济发展水平对农业劳动供给的影响有待实证检验。本书使用村庄人均收入水平（元）的对数来表示这一变量。

（2）村庄雇工工资水平。雇工工资水平的高低会影响到农户对雇工的使用，当工资水平较高时，农户使用雇工的成本过高，这会侵蚀农业生产效益，因而理性的农户会减少对雇工的使用。为维持正常生产，留守人员多会通过提升自身劳动参与率和增加劳动时间来应付农业生产。因而，预期这一变量会正向促进留守人员农业劳动供给。本书使用村庄雇工日均工资水平（对数）来表示这一变量。

（3）村庄交通情况。当村庄交通情况良好时，距离城镇较近时，留守人员能够更便利地进行兼业化经营。由于农业收入重要性的下降，留守人员会相应减少农业劳动供给，这会带来留守人员农业参与率和农业劳作时间的下降。因而预

[①] 与农业机械类似，农业社会化服务也会对留守人员劳动供给产生影响，会减轻留守人员劳动负担。由于数据获取的限制，这一因素还无法控制，但并不需要太担心可能的影响。由于社会化服务目前刚刚兴起，在很多地区还不那么普遍，而本书数据是全国性大样本。

期这一变量会负向影响农户的劳动参与率和劳动时间。本书使用村委会到县城所花的时间（小时）来表征这一变量。

（4）村庄地理地貌。村庄地理地貌对农业生产劳作的便利性有显著影响，为控制这一因素的影响，本书引入村庄地貌特征的虚拟变量来予以控制。

7. 地区虚拟特征

区域层面的因素也可能对留守人员的农业劳动供给产生影响，为此，本书引入省份虚拟变量来控制这一层面的影响。

模型中涉及的所有变量及相应的描述性分析如表5-1所示。

表5-1　　　　　　劳动供给模型中变量的描述性分析

变量	变量说明	样本量	平均值	标准差
劳动参与率	是否参与农业劳动：1=是；0=否	4418	0.52	0.499
劳动供给时间	农业劳动供给时间（对数）	2292	6.93	1.06
非农就业率	非农就业劳动力×100/家庭总劳动力	4418	53.76	25.22
土地转入	是否转入土地：1=有；0=没有	4408	0.20	0.40
土地转出	是否转出土地：1=有；0=没有	4418	0.06	0.24
性别	1=男性，0=女性	4418	0.65	0.48
年龄	2011-出生年（岁）	4418	50.04	11.12
受教育程度	户主受教育年限	4418	5.27	4.26
健康情况	1=非常健康；2=很健康；3=比较健康；4=一般；5=不健康	4417	2.68	1.22
家庭劳动力人数	家庭拥有劳动力人数	4413	1.91	0.78
家庭成员平均年龄	家庭成员平均年龄（岁）	4418	34.12	13.62
家庭成员女性比例	家庭女性人数/家庭总人口数	4418	0.53	0.17
家庭成员平均受教育程度	家庭成员平均受教育年限（年）	4027	8.47	3.39
家庭实际经营土地面积	家庭耕种土地总面积（亩）	4360	7.69	10.86
家庭总资产	家庭拥有的总资产价值（对数）	4212	11.31	1.01
农业机械	农业机械总价值（对数）	4418	3.35	3.73
村庄经济发达水平	村庄人均收入水平（对数）	4134	7.82	0.85
村庄雇工工资水平	村庄雇工工资日均水平（对数）	4276	4.01	0.35
村庄交通情况	村委会到县城所花时间（小时）	4319	1.13	1.71
村庄地理地貌	1=丘陵；2=高山；3=平原；4=其他	4089	2.15	1.03

5.4 计量结果与分析

5.4.1 描述性证据

从整体样本来看,留守农村的劳动参与率为51.7%,即留守在农村人员有一半左右是会参与农业生产的。Mu 和 de Walle(2011)基于 CHNS2006 计算出,男性的农业参与率为55.3%,女性的农业参与率为56.4%。这可能意味着,近年来,农村留守人员的劳动参与率逐渐下降了。农村留守人员的平均劳动供给时间达到755个小时,按照一天8小时计算的话,意味着单个农户需要在农业生产中工作94.4天左右,约为3个月。这低于杨志海等(2015)根据 CHARLS2011 计算获得的1090.4小时,这可能是因为我们仅仅计算了农忙时间农户的劳动时间供给①,没有涵盖农闲时劳动供给(吴海盛,2008)。非农就业方面,样本农户家庭的非农就业比例较高,平均达到53.8%,说明样本整体非农就业率较高。

为更好地分析不同变量与劳动供给时间的内在关联,有必要进行初步的分组对比分析(见表5-2)。将非农就业率大于等于样本均值的设定为非农就业率高的分样本,将非农就业率小于样本均值的定义为非农就业率低的分样本,结果显示,非农就业率低的农户家庭,留守人员的劳动参与率和劳动供给时间都稍高,但是两者差距很小。

表5-2　　　　　　留守人员农业劳动供给:分组对比分析

分组及定义	劳动参与率(%)	劳动供给时间(小时)
非农就业率高(大于等于均值)	51.13	754.43
非农就业率低(小于均值)	52.29	755.53
有土地转入	56.24	886.84
无土地转入	50.68	724.2
有土地转出	46.21	545.85
无土地转出	52.04	768.9
男性	53.37	820.14
女性	48.51	632.7

---

① CFPS2012 中也提供了农户非农忙时间的农业劳动供给时间,但是由于样本缺失值过多,因而我们没有纳入分析。

续表

分组及定义	劳动参与率（%）	劳动供给时间（小时）
户主年龄≤45	50.86	704.28
户主年龄>45	52.15	784.29
受教育程度高（大于等于均值）	45.85	689.75
受教育程度低（小于均值）	52.23	761.22
健康状态好（1＝非常健康；2＝很健康）	51.95	780.35
健康状态一般（3＝比较健康；4＝一般）	53.06	753.95
健康情况差（5＝不健康）	49.31	710.5
家庭劳动力人数多（大于等于均值）	52.44	783.76
家庭劳动力人数少（小于均值）	49.06	656.89
家庭成员平均年龄大（大于等于均值）	50.71	776.15
家庭成员平均年龄小（小于均值）	52.32	740.83
家庭成员女性比例高（大于等于均值）	51.55	766.47
家庭成员女性比例低（小于均值）	51.77	746.01
成员平均受教育程度高（大于等于均值）	51.36	737.33
成员平均受教育程度低（小于均值）	52.19	782.23
实际经营土地面积较大（大于等于均值）	59.97	899.24
实际经营土地面积较小（小于均值）	47.58	685.38
家庭较富裕（大于等于均值）	53.5	789.03
家庭较贫穷（小于均值）	50.18	717.47
拥有农业机械多（大于等于均值）	57.03	884.22
拥有农业机械少（小于均值）	46.99	642.18
村庄经济发展水平高（大于等于均值）	48.85	713.83
村庄经济发展水平低（小于均值）	55.29	795.03
村庄雇工工资水平高（大于等于均值）	50.89	719.07
村庄雇工工资水平低（小于均值）	52.54	785.61
村庄交通条件好（小于均值）	51.27	744.48
村庄交通条件差（大于等于均值）	53.97	814.39

从有无参与土地转入视角来看，有土地转入的农户家庭，留守人员的劳动参与率和劳动供给时间都大幅高于无土地转入的农户家庭。从有无参与土地转出视角来看，相对于无土地转出的农户家庭，有土地转出的农户留守人员劳动参与率和劳动时间也大幅下降。即土地转入带来的种植规模扩大会提升留守人员的农业劳动供给，土地转出可能减少留守人员的农业劳动供给，这与理论预期相符合。

个体特征方面，从性别视角来看，男性的劳动参与率比女性高 4.86 百分点，劳动时间多出 187.44 小时/年，说明男性的农业劳动供给明显多于女性，这与预期相符。按照杨志海等（2011）的划分，将 45 岁设置为老年的年龄界限，结果显示，当个体年龄小于等于 45 岁时，劳动参与率为 50.86%，劳动供给时间为 704.28 小时，而当个体年龄大于 45 岁时，劳动参与率和劳动供给时间分别提升至 52.15% 和 784.29 小时，说明老年人参与农业劳动更多。不同受教育程度的农户的劳动供给也存在差异，受教育程度高（大于等于均值）的农户劳动参与率和供给时间均明显低于受教育程度低（小于均值）的农户。不同健康状态农户的劳动供给也存在差异，相对于健康状态好和一般的农户，健康状态差的农户的劳动参与率和劳动供给时间都比较低。

家庭特征方面，家庭劳动力人数多时（人数大于等于均值），农户的劳动参与率还是劳动供给时间都相对高。家庭成员平均年龄大时（年龄大于等于均值），劳动参与相对低于家庭成员平均年龄小的群组，但是劳动时间却相对少。家庭成员女性比例高时（比例大于等于均值），无论是个体劳动参与率还是劳动供给时间都相对低。家庭成员平均受教育程度高时（年限大于等于均值），留守农户的劳动参与率和劳动供给时间都相对低。实际经营土地面积较大时（面积大于等于均值），相对于家庭实际经营土地面积较小的农户家庭（面积小于均值），其劳动参与率要高 12.39 个百分点，劳动供给时间也大幅增加 213.86 个小时。家庭财富方面，农户家庭较为富裕时（总资产大于等于均值），留守人员的劳动参与率和劳动供给时间都相对较高。不同规模农业机械的农户家庭，其劳动供给也有显著差异，拥有较多农业机械的农户劳动参与率和劳动供给时间均较高。

从村庄特征来看，当村庄经济发展水平高时，留守人员的劳动供给相对低，与村庄经济发展水平低的群组相比，劳动参与率要低 6.44 个百分点，劳动供给时间要少 81.2 个小时。当村庄雇工工资日均水平较高时，农户的劳动参与率和劳动供给时间都相对低。交通条件对农户劳动供给可能也有一定影响，当农户所在村庄交通条件差时（交通时间大于等于均值），留守农户的劳动参与率和劳动供给时间都相对较高。

5.4.2 农业劳动供给基本模型

描述统计性分析并不能揭示因果关系，需要引入计量模型来进一步验证非农就业对留守人员农业劳动供给的影响。其中，对于农业劳动参与率，我们采用二元 Probit 模型。基准模型设定如下：

$$Labor = a_1 + \beta_1 off-farm + \gamma_i \Sigma X_i + e_1 \tag{5.1}$$

对于农业劳动供给时间，由于部分留守人员的劳动供给时间为 0，为防止拟

合结果有偏,更适合采用删失因变量 Tobit 模型,基准模型设定如下:
$$Labor\_time = a_2 + \beta_2 off-farm + \delta_i \Sigma X_i + e_2 \quad (5.2)$$

其中,$Labor$ 和 $Labor\_time$ 分别为留守人员农业劳动参与率和农业劳动供给时间,$off-arm$ 为农户家庭非农就业率,X_i 为上述提及的一系列控制变量,δ_i 为相应的影响系数。e_1 和 e_2 为相应的残差项。我们主要通过判断 β_1 和 β_2 的显著性和方向来判断非农就业对劳动参与率和劳动供给时间的影响。同时,引入线性回归 LPM 模型来进行比较,以检验模型稳健性。基准方程回归结果如表 5-3 所示。

表 5-3 农业劳动供给基准回归模型

变量	劳动参与率		劳动供给时间	
	Probit	LPM	Tobit	LPM
非农就业	-0.006***	-0.002***	-0.035***	-0.019***
	(-4.36)	(-4.41)	(-4.83)	(-4.86)
性别	0.084	0.032	0.555*	0.346**
	(-1.59)	(-1.59)	(-2.06)	(-2.43)
年龄	0.066***	0.026***	0.397***	0.210***
	(-4.12)	(-4.20)	(-4.70)	(-4.88)
年龄平方	-0.001***	-0.000***	-0.004***	-0.002***
	(-3.97)	(-4.05)	(-4.56)	(-4.72)
受教育程度	0.000	0.000	-0.003	-0.003
	(-0.03)	(-0.04)	(-0.08)	(-0.19)
健康情况	-0.008	-0.003	-0.071	-0.048
	(-0.40)	(-0.39)	(-0.73)	(-0.92)
家庭劳动人数	-0.169***	-0.065***	-0.938***	-0.484***
	(-4.66)	(-4.69)	(-5.00)	(-4.97)
家庭成员平均年龄	-0.010***	-0.004***	-0.051***	-0.026***
	(-3.38)	(-3.43)	(-3.46)	(-3.35)
家庭成员女性比例	-0.154	-0.060	-0.669	-0.303
	(-0.98)	(-0.99)	(-0.84)	(-0.72)
家庭成员平均受教育年限	-0.003	-0.001	-0.017	-0.008
	(-0.36)	(-0.36)	(-0.41)	(-0.36)
家庭实际经营土地面积	0.006***	0.002***	0.031**	0.019***
	(-2.80)	(-2.80)	(-3.20)	(-3.59)
家庭总资产	0.078***	0.030***	0.424***	0.215***
	(-3.16)	(-3.22)	(-3.32)	(-3.26)
农业机械	0.028***	0.011***	0.159***	0.086***
	(-4.46)	(-4.54)	(-5.03)	(-5.10)

续表

变量	劳动参与率		劳动供给时间	
	Probit	LPM	Tobit	LPM
村庄经济发达水平	-0.044	-0.017	-0.282*	-0.132*
	(-1.58)	(-1.60)	(-1.99)	(-1.75)
村庄雇工工资水平	0.043	0.015	0.306	0.183
	(-0.63)	(-0.59)	(-0.88)	(-1.00)
村庄交通情况	-0.011	-0.004	-0.071	-0.039
	(-0.85)	(-0.84)	(-1.09)	(-1.20)
村庄地理地貌	0.071**	0.027**	0.315**	0.139**
	(-3.18)	(-3.19)	(-2.77)	(-2.31)
常数	-1.938***	-0.243	-10.060***	-2.747
	(-3.41)	(-1.12)	(-3.40)	(-1.80)
样本量	3293	3293	3280	3280

注：***、**、*分别表示1%、5%和10%的显著性水平。模型控制了省份特征，但没有予以显示，下同。

回归结果表明，非农就业显著负向影响留守农户的农业劳动参与率，且非农就业也显著地负向影响其劳动供给时间，说明非农就业的综合效应为负。即随着家庭非农就业率的提升，留守人员会减少农业劳动供给，这与近期的一些研究相一致（周春芳，2012）。因而研究显示，非农就业带来的"财富效应"强度要大于"替代效应"，从而表现为非农就业负向影响留守人员农业劳动供给。

个体特征方面，性别因素对劳动参与率的影响并不大，但是相对于女性，男性的劳动供给时间较多，这与Binzel和Assaad（2011）的发现一致。年龄是影响农业劳动供给的关键因素，随着年龄的增加，留守农户的劳动参与率和供给时间呈现先增加后减少的趋势，这与李琴、孙良媛（2011）的结论保持一致。从Probit模型和Tobit模型来看，留守人员分别在55.25岁和52.24岁达到农业劳动参与率和农业劳动供给时间的最大值，此后随着年龄的增加，劳动供给会相应减少。但作为个体人力资本的受教育水平并不影响劳动供给，说明教育因素并不是农业劳动供给的关键因素，这可能是因为教育和农业生产的直接关联并不强。健康水平对劳动参与率和劳动供给时间的影响均为负，这与预期相符，但是并不显著，因而健康也不是劳动供给的关键因素。这可能是因为在农村地区，无论是健康状态还是半健康状态，留守人员为减轻其他成员负担都会最大可能地参加劳动，只是在强度和难度上有所降低。除非丧失劳动能力，留守人员的劳动供给才会受到显著影响（卢海阳、钱文荣，2014）。

家庭特征方面，家庭劳动人数对劳动参与率和劳动供给时间的影响均通过了

1%的显著性水平检验，表现为家庭劳动力人数越多，留守人员的劳动供给越少，这与周春芳（2012）、杨志海等（2015）的结论一致。家庭成员平均年龄也显著负向影响农户的劳动参与率和劳动供给时间，说明家庭老年化确实不利于农业劳动供给。家庭成员女性比例对劳动参与率和劳动供给时间的影响为负，这与预期相符，但并未通过显著性水平检验，因而家庭成员女性化并非劳动供给的关键影响因素。家庭成员平均受教育年限也没有通过显著性检验，说明家庭成员平均受教育水平也不是关键影响因素。实际经营土地面积显著提升劳动参与率和劳动供给时间，这与庞丽华（2003）的结论相一致，说明种植规模越大，留守人员的农业劳动负担越大。

家庭总资产也显著地正向影响留守人员劳动参与率和劳动供给时间，说明家庭越富有，农户越倾向于提供农业劳动供给，虽然这与预期不太相符，但与Acosta（2006）的结论一致。可能的原因是，家庭越富裕，进入城镇定居和工作的家庭成员越多，留守在农业的成员为了保障家庭最后的退路，仍然需要提供较多的农业劳动供给。农业机械也稳健地通过1%的显著性水平，且影响方向为正，这说明农业机械化有助于提升农业劳动参与率和劳动供给时间，这与Chang等（2011）的结论相一致，但与理论预期相反。可能的原因是，当农户拥有农业机械时，虽然能够对劳动进行替代，起到减缓劳作负担的作用，但是农业机械通过方便生产者，也能够激发其生产潜能。特别是当前，大多数农户购置的多为小型农业机械，这一类型机械，也是一种与劳动力相互补充的要素投入。当劳动者体力不及，导致土地闲置抛荒和劳动强度较低时，机械的投入则能够充分利用之前无法利用的土地，完成劳动强度大的农业生产环节，反而可能会增加农户的劳动参与率。特别是在农业劳动力老年化的背景下，农业机械的引入则能够缓解这一趋势，从而起到保障农业生产的作用，具有很强的理论和现实意义。

村庄特征方面，村庄经济发达水平对留守农户的劳动参与率的影响不显著，但却显著减少了其劳动供给时间，说明经济发展水平越高，农户越可能减少农业劳作时间。村庄雇工工资水平的影响方向为正，即雇工工资越高，农户越可能通过增加自身劳动供给来进行替代，这与预期相符，但这一因素没有通过显著性检验。村庄交通情况的影响不显著，因而这一因素并不是农户劳动供给的关键影响因素。村庄地理地貌稳健地通过显著性检验，说明地理地貌也会对农户劳动供给产生影响，控制这一因素十分必要。

5.4.3 老年群体分析

非农就业对老年群体的农业劳动供给的影响是国内外学界十分关注的一个领域（卢海阳、钱文荣，2014）。当年轻的子女外出务工后，老年人会增加还是会减少农业劳动供给,既有文献给予了重点关注。从已有的文献来看,非农就业是促进还是减少了老年群体的农业劳动供给仍然没有定论。部分文献支持,非农就业会降低老年人的劳作负担。但也有很多文献认为,老年人会因为家庭劳动力不足而承受额外的农业劳动,劳作时间反而更多。

之所以出现分歧,其中一个重要的原因在于如何界定老年群体。国外大多数研究使用联合国国际劳工组织的划分,将 45 岁及以上个体界定为老年人(Gibson et al., 2009)。国内的学者有的将 50 岁以上个体界定为老年人(庞丽华,2003;白南生等,2007;Chang et al., 2011),但也有一些研究遵循传统,将 60 岁作为标准来界定老年群体(吴海盛,2008;周春芳,2012)。

为保障研究结论的稳健性,本书则同时使用上述三种不同的标准,对老年群体做进一步的分析。回归结果表明(见表 5-4),无论选择哪一种界定方式,非农就业均显著地负向影响留守老人的劳动供给时间。且随着样本老年化程度(老年群体年龄增加)的加深,非农就业的负向影响程度变大(边际效应逐渐变大),说明随着家庭非农就业率的提升,确实有助于减缓老年人的农业劳动压力。这说明,家庭成员外出务工虽然会导致农业生产中的劳动力缺失,但收入增长带来的"财富效应"使得老年群体并不需要那么的辛苦劳作,改善其福利,老年群体的农业生产负担会下降。

表 5-4　　　　非农就业与农业劳动供给:老年群体分析

变量	劳动供给时间		
	大于 45 岁样本	大于 50 岁样本	大于 60 岁样本
非农就业	-0.029***	-0.021*	-0.031*
	(-3.09)	(-1.83)	(-1.65)
性别	0.812**	0.785*	1.795**
	(-2.21)	(-1.68)	(-2.05)
年龄	0.476*	0.142	0.012
	(-1.72)	(-0.28)	(-0.01)
年龄平方	-0.004*	-0.002	-0.001
	(-1.81)	(-0.43)	(-0.06)
教育程度	0.033	0.078	0.039
	(-0.77)	(-1.52)	(-0.41)
健康情况	-0.097	-0.005	0.321
	(-0.75)	(-0.03)	(-1.19)
家庭劳动人数	-0.862***	-0.727**	-1.367**
	(-3.28)	(-2.21)	(-2.35)

续表

变量	劳动供给时间		
	大于45岁样本	大于50岁样本	大于60岁样本
家庭成员平均年龄	-0.050**	-0.054**	-0.055
	(-2.59)	(-2.33)	(-1.58)
家庭成员女性比例	-1.009	-2.389*	-0.400
	(-0.92)	(-1.70)	(-0.16)
家庭成员平均受教育年限	-0.063	-0.144**	-0.003
	(-1.13)	(-2.07)	(-0.02)
家庭实际经营土地面积	0.024*	0.016	0.013
	(-1.86)	(-1.07)	(-0.52)
家庭总资产	0.423**	0.300	0.086
	(-2.56)	(-1.55)	(-0.26)
农业机械	0.160***	0.189***	0.372***
	(-3.81)	(-3.65)	(-4.12)
村庄经济发达水平	-0.289	-0.444**	-0.741**
	(-1.57)	(-2.05)	(-2.15)
村庄雇工工资水平	0.387	0.488	0.662
	(-0.87)	(-0.95)	(-0.74)
村庄交通情况	-0.075	-0.144	-0.505
	(-0.93)	(-1.21)	(-1.14)
村庄地理地貌	0.473**	0.343*	0.432
	(-3.22)	(-1.93)	(-1.44)
常数	-13.870	0.308	7.945
	(-1.62)	(-0.02)	(-0.12)
样本量	2025	1367	536

注：***、**、*分别表示1%、5%和10%的显著性水平，括号内为t值。模型同时控制省份特征，但没有予以显示，下同。

另外，在上述三种不同划分标准下，均显著地影响老年留守成员农业劳动供给的因素还有性别、家庭劳动人数和农业机械拥有量三个控制变量。性别因素方面，仍然表现为老年男性的农业劳动供给超过老年女性，这与前述分析保持一致。家庭劳动力数量显著负向影响留守老人的农业劳动供给，当家庭拥有更多劳动力时，老人提供的农业劳动会相应减少，说明家庭劳动力的增加会分流一部分农业劳作。农业机械始终在1%的显著性水平上正向促进老年群体的农业劳动供给，之所以如此，可能是因为农业机械能够帮助老年人克服体力下降的约束，完成之前力所不能及的农业生产环节，从而达到了拓展其生产潜能的作用。整体样本显示农户拥有农机价值不足 2500 元，可见受限于种植规模，农村居民购买的多为小型农业机械。这些机械和劳动力既存在替代作用，但更多是相互补充作用，借助于小型农机，农户能够更好更省力地完成劳动，从而增加了劳动供给。

5.4.4 性别差异分析

家庭成员，尤其是男性成员外出务工对女性的农业劳动供给有何影响，也是一个焦点性的话题。除了少数研究发现男性成员外出后，女性需要顶替男性的职能空缺，表现为女性农业劳动供给增加（Mu 和 de Walle，2011）。以往的绝大部分研究均表明，由于文化传统导致的男女性别分工和比较优势有差异，家庭成员外出务工后，留守女性通常并不能够很好地替代男性工作（弗兰克·艾利思，2006）。由于力所不能及，很多农业生产程序无法完成，女性不得不减少农业劳作时间（Wang et al.，2016），表现为留守女性的农业劳动参与率和劳动供给时间均会下降（Binzel and Assaad，2011）。并且，非农就业带来的收入增长和家庭整体生活水平的改善，还会减少女性参与工作的压力或积极性。家庭收入的提升，让女性将更多时间投入到照顾家庭老小，增加家务劳动等非市场性劳动供给。

从本书拟合回归结果来看，再次印证了主流文献的发现，即随着家庭成员非农就业率的提升，留守女性成员的农业劳动供给时间会随之下降。当然，需要指出的是，留守男性成员农业劳动供给也受到家庭非农就业的负面影响，且两性的影响系数差异并不大，这与 Dermendzhieva（2009）和 Acosta（2006）的研究并不一致（见表 5-5）。即非农就业并不会对留守女性和男性有差异性影响，均会降低留守人员的农业劳动供给。

表 5-5　　　　　非农就业与农业劳动供给：性别差异分析

变量	农业劳动供给时间	
	男性	女性
非农就业	-0.035***	-0.035**
	(-4.12)	(-2.25)
其他控制变量	已控制	已控制
常数	-8.898**	-13.010**
	(-2.40)	(-2.50)
sigma	5.914***	5.922***
	(-41.60)	(-29.79)
样本量	2111	1169

5.4.5 区域差异分析

以往的研究较少关注到不同区域农户的农业劳动供给可能存在差异，本书按照东部、中部和西部将整体细分为三个分样本，以考察不同区域背景下，非农就业对农户劳动供给的差异化影响。

从拟合结果来看（见表5-6），非农就业的影响具有稳健性，在三大区域[①]，非农就业均显著负向影响留守农户的农业劳动供给时间。但影响力度上，非农就业对中部地区留守成员的农业劳动供给的影响最大，西部地区次之，对东部地区的影响最小。这表明，在发达地区，非农就业对农业劳动供给的影响已经趋缓，而在中西部欠发达区域非农就业的影响仍然较大。我们猜测非农就业对农业生产的影响可能呈现阶段演进。之所以如此，是因为发达地区的非农产业较为繁荣，农户可就近进行兼业化经营，从而对农业生产的负面影响较小（王子成，2015；Wang et al. , 2016），而欠发达区域农户多为跨区域的流动，无法分散精力照顾农业生产，从而表现为非农就业对农业劳动供给的负向影响更大。

表5-6 非农就业与农业劳动供给：区域差异分析

变量	农业劳动供给时间		
	东部	中部	西部
非农就业	-0.021*	-0.046***	-0.027**
	(-1.78)	(-2.94)	(-2.47)
性别	0.711	0.713	-0.081
	(-1.52)	(-1.35)	(-0.20)
年龄	0.2060	0.403**	0.565***
	(-1.33)	(-2.41)	(-4.76)
年龄平方	-0.002	-0.003**	-0.006***
	(-1.25)	(-2.00)	(-4.82)
受教育程度	0.086	-0.100	-0.012
	(-1.44)	(-1.52)	(-0.28)
健康情况	-0.131	0.006	0.021
	(-0.76)	(-0.03)	(-0.15)
家庭劳动人数	-0.700**	-0.891**	-0.898***
	(-2.14)	(-2.35)	(-3.28)

---

① 东部包括北京、天津、河北、辽宁、上海、江苏、浙江、福建、山东、广东，中部包括山西、吉林、黑龙江、安徽、江西、河南、湖北和湖南，西部包括广西、贵州、云南、重庆、四川、陕西、甘肃。

续表

变量	农业劳动供给时间		
	东部	中部	西部
家庭成员平均年龄	-0.062**	-0.093***	-0.031
	(-2.38)	(-2.93)	(-1.44)
家庭成员女性比例	-2.521	-0.078	-0.368
	(-1.77)	(-0.05)	(-0.33)
家庭成员平均受教育年限	-0.159**	-0.045	0.032
	(-2.05)	(-0.54)	(-0.51)
家庭实际经营土地面积	0.126***	-0.038	0.022**
	(-5.44)	(-1.42)	(-2.00)
家庭总资产	0.235	0.770***	0.299
	(-1.08)	(-2.79)	(-1.56)
农业机械	0.304***	0.202***	0.045
	(-5.36)	(-3.01)	(-1.00)
村庄经济发达水平	-0.501**	-0.649*	0.379*
	(-2.06)	(-1.90)	(-1.82)
村庄雇工工资水平	-1.708**	0.224	1.676***
	(-2.36)	(-0.39)	(-2.75)
村庄交通情况	-0.018	-0.945**	-0.377*
	(-0.25)	(-2.03)	(-1.95)
村庄地理地貌	1.165***	-0.495**	0.342*
	(-5.71)	(-1.96)	(-1.93)
常数	4.043	-5.784	-17.250***
	(-0.76)	(-1.00)	(-3.59)
sigma	6.006***	6.292***	5.185***
	(-28.55)	(-26.06)	(-33.82)
样本量	1144	978	1158

通过显著性检验，且稳健地影响三大区域的因素还有家庭劳动人数、村庄经济发达水平、村庄地理地貌三个控制变量。这表明家庭劳动力禀赋始终是影响留守人员农业劳动供给的关键因素，且村庄层面因素也能够对留守人员的劳动供给产生深刻影响，需要引入变量予以控制。值得注意的是，在前述分析中，农业机械始终通过了显著性检验，且正向促进留守人员农业劳动供给。但在分区域分析中，只有东部和中部地区仍然与整体保持一致，在西部地区，农业机械的促进作用就不再显著。这可能是因为西部地区地形复杂，农业机械使用和推广仍然较为滞后，农业机械还无法发挥拓展农业劳动力潜能的作用。

5.5 稳健性检验

5.5.1 工具变量法

正如已有文献所言,如果不考虑非农就业与农业劳动供给的内生性,那么得出的结果可能是有偏的,因而需要引入合适的工具变量来解决这一问题。借鉴既有研究,本书引入村庄层面和家庭层面的社会网络作为工具变量(李琴、宋月萍,2009;林建浩等;2016)。之所以选择社会网络作为工具变量,一方面是考虑到农户外出非农就业并非是盲目的,社会网络资源对外出务工人员的就业有十分重要的影响(Zhao,2001;Knight and Yueh,2008),并且社会网络对农户劳动供给而言是相对外生的。其中,工具变量1为村庄层面的非农就业率,来表示村庄层面的社会网络(Chang et al.,2011;Mu and de Walle,2011);工具变量2和工具变量3为家庭层面的社会网络,参照已有的研究,使用春节拜年网络(亲戚网络和朋友网络)予以显示。工具变量均来自于CFPS2010。

本书使用Iv-probit模型来验证非农就业对留守人员劳动参与率影响的稳健性。对于连续性因变量和连续性工具变量的有效性,Stock和Yogo(2005)提出了检验方法并给出了检验标准。但遗憾的是,这一方法和标准并不适用于受限性因变量(Nichols,2011)。目前,还没有一个有效的方法对受限性因变量的弱工具变量问题进行检验。因而我们只能通过第一阶段工具变量对内生变量的显著性来做一个初步判断(阮荣平等,2014)。

对于农业劳动参与率而言,第一阶段回归结果显示,工具变量1、工具变量2和工具变量3分别通过5%、1%和1%的显著性水平检验(表5-7),且影响系数为正,这充分证明了社会网络在促进农户非农就业中的积极作用。因而基本可以认定三个工具变量是合适的。

使用2SLS法进行回归(见表5-7),结果证实非农就业依然稳健地负向影响留守人员农业劳动参与率,且影响系数绝对值远大于基准模型。这意味着,非农就业确实会负向影响留守人员的农业劳动供给参与率,基准回归是可靠的。但是如果不考虑非农就业和留守农户农业劳动供给的内生性,则可能大大低估非农就业的影响。

表5-7　非农就业与留守人员农业劳动参与率：工具变量法

变量	工具变量1： 村庄非农就业率	工具变量2： 来访亲戚数量	工具变量3： 来访朋友数量
非农就业	-0.044***	-0.041***	-0.032**
	(-2.75)	(-4.98)	(-2.23)
性别	0.275***	0.258***	0.219**
	(-3.08)	(-4.09)	(-2.52)
年龄	0.057***	0.060***	0.063***
	(-3.04)	(-3.75)	(-3.79)
年龄平方	-0.001**	-0.001**	-0.001***
	(-2.22)	(-3.00)	(-3.08)
受教育程度	0.005	0.005	0.004
	(-0.82)	(-0.81)	(-0.64)
健康情况	0.008	0.005	0.002
	(-0.40)	(-0.25)	(-0.08)
家庭劳动人数	-0.671***	-0.639***	-0.523***
	(-3.28)	(-5.81)	(-2.72)
家庭成员平均年龄	-0.054***	-0.051***	-0.040**
	(-2.91)	(-5.21)	(-2.38)
家庭成员女性比例	0.329	0.286	0.173
	(-1.21)	(-1.54)	(-0.71)
家庭成员平均受教育年限	0.010	0.007	0.005
	(-0.98)	(-0.89)	(-0.51)
家庭实际经营土地面积	0.002	0.003	0.004
	(-0.72)	(-1.19)	(-1.53)
家庭总资产	0.112***	0.111***	0.103***
	(-4.76)	(-4.74)	(-3.93)
农业机械	0.014	0.015**	0.020**
	(-1.33)	(-2.14)	(-2.29)
村庄经济发达水平	-0.064**	-0.064**	-0.062**
	(-2.48)	(-2.46)	(-2.25)
村庄雇工工资水平	-0.052	-0.043	-0.017
	(-0.67)	(-0.64)	(-0.23)
村庄交通情况	-0.010	-0.010	-0.011
	(-0.91)	(-0.91)	(-0.90)
村庄地理地貌	0.031	0.036	0.048*
	(-0.93)	(-1.47)	(-1.73)
常数	2.251	1.891	0.882
	(-1.05)	(-1.64)	(-0.50)
样本量	3293	3282	3274

同理，我们使用 Iv – tobit 模型来检验，解决内生性问题后，非农就业对农业劳动供给时间的影响是否依然稳健。第一阶段拟合结果表明①，所选择的三个工具变量均通过显著性水平检验，因而工具变量的选择依然是有效的。第二阶段，同样使用 2SLS 模型进行分析。

结果依然证实（表 5 – 8），非农就业显著负向影响留守人员的非农劳动供给。因而回归结果再次表明，非农就业对农业劳动供给时间的影响十分稳健。

表 5 – 8　　非农就业与留守人员农业劳动供给时间：工具变量法

变量	工具变量1： 村庄非农就业率	工具变量2： 来访亲戚数量	工具变量3： 来访朋友数量
非农就业	-0.335*	-0.258***	-0.173*
	(-1.76)	(-3.31)	(-1.75)
性别	2.156**	1.724***	1.298**
	(-2.02)	(-3.35)	(-2.19)
年龄	0.430***	0.423***	0.411***
	(-4.09)	(-4.43)	(-4.57)
年龄平方	-0.004***	-0.004***	-0.004***
	(-3.34)	(-3.76)	(-4.08)
受教育程度	0.037	0.028	0.019
	(-0.78)	(-0.72)	(-0.51)
健康情况	0.034	-0.004	-0.029
	(-0.24)	(-0.03)	(-0.26)
家庭劳动人数	-5.095*	-4.069***	-2.873**
	(-1.93)	(-3.69)	(-2.07)
家庭成员平均年龄	-0.407*	-0.318***	-0.216*
	(-1.80)	(-3.39)	(-1.83)
家庭成员女性比例	2.838	1.942	0.981
	(-1.17)	(-1.52)	(-0.69)
家庭成员平均受教育年限	0.075	0.046	0.021
	(-0.96)	(-0.86)	(-0.38)
家庭实际经营土地面积	0.011	0.016	0.023*
	(-0.60)	(-1.29)	(-1.89)
家庭总资产	0.803***	0.710***	0.587***
	(-2.80)	(-4.06)	(-3.21)

① 为节省篇幅，第一阶段结果并没有显示出来，如有需要请向作者索取。

续表

变量	工具变量1： 村庄非农就业率	工具变量2： 来访亲戚数量	工具变量3： 来访朋友数量
农业机械	0.098 *	0.110 ***	0.129 ***
	(-1.80)	(-2.81)	(-3.29)
村庄经济发达水平	-0.516 **	-0.455 ***	-0.392 **
	(-2.25)	(-2.65)	(-2.33)
村庄雇工工资水平	-0.357	-0.182	0.012
	(-0.59)	(-0.42)	(-0.03)
村庄交通情况	-0.088	-0.082	-0.077
	(-1.10)	(-1.12)	(-1.12)
村庄地理地貌	0.119	0.169	0.225 *
	(-0.63)	(-1.22)	(-1.67)
常数	19.500	12.070	3.810
	(-1.02)	(-1.45)	(-0.37)
样本量	3280	3269	3261

其他控制变量方面，对比表 5-7 和表 5-8，稳健的影响留守农户农业劳动参与率和劳动供给时间的因素包括：性别、年龄、年龄的平方、家庭劳动力人数、家庭成员平均年龄、家庭总资产、农业机械拥有量和村庄经济发达水平。这表明上述变量均是影响农户农业劳动供给的关键影响因素。

具体而言，表现为男性留守成员农业劳动供给多于女性留守成员，这与既往研究保持一致。留守人员的农业劳动供给随着年龄的增长先增加后减少，即从业人员的老年化最终会减少农业劳动供给。这一点还可以从家庭成员平均年龄增加也会减少农业劳动供给时间看出。随着家庭劳动的增加，留守成员的劳动供给时间会相应减少。随着家庭总资产和农业机械拥有量的增加，留守成员的农业劳动供给会相应增加。随着村庄经济发达水平的上升，留守成员的劳动供给会减少。

5.5.2 PSM 模型

除了使用工具变量法来消除可能的内生性问题以外，还有部分学者指出，样本选择性偏差及其引致的内生性问题也可能导致拟合结果有偏。为了解决这一问题，可以使用 PSM 来减缓这一问题。PSM 是由 Rosenbaum 和 Rubin（1983）最先提出，其基本思想是：构造一个反事实框架，在给定一组协变量的情况下，对每一农户进行打分，计算其进入处理组的概率（胡新艳、罗必良，2016）。最终形成这一局面，即配对的农户之间协变量没有差异，只是一个在控制组，一个在干预组，这相当于一个随机试验（钱龙等，2016b）。

借鉴 Lokshin 和 Glinskaya（2009）及 Binzel 和 Assaad（2011），按照农户家庭是否至少有一人外出为标准将整体样本区分为无成员外出家庭和有成员外出家庭两个类别，前者为控制组，后者为干预组。倾向得分 PS 被定义为，给定禀赋条件（Z）下，农户进入干预组的概率：

$$P(Z) = Pr(off-farm = 1|Z) = E[off-farm|Z] \qquad (5.3)$$

式中：$off-farm = 1$ 表示个体进入干预组，否则 $off-farm = 0$。对任意农户 i 而言，非农就业对留守人员农业劳动供给影响的平均影响 ATT 为：

$$ATT = E\{E[Y_{i1}|off-farm_i = 1, P(Z_i)] - E[Y_{i0}|off-farm_i = 1, P(Z_i)]\} \qquad (5.4)$$

式中：Y_{i1} 和 Y_{i0} 分别表示有非农就业和无非农就业农户家庭的农业劳动供给，资源禀赋 Z_i 包括户主特征、农户家庭等其他因素的特征。在使用 PSM 分析前，首先需要进行平衡性检验，检验结果如表 5-9 所示。

表 5-9　　平衡性检验

变量	是否匹配	干预组	控制组	偏差（%）	T 值
农业劳动参与率	匹配前	0.409	0.542	-27.10	-7.05***
	匹配后	0.993	0.996	-0.70	-0.58
农业劳动供给时间	匹配前	2.773	3.816	-30.0	-7.74***
	匹配后	6.735	6.763	-5.20	-2.06
性别	匹配前	0.782	0.621	35.70	8.92***
	匹配后	0.831	0.853	-4.90	-0.70
年龄	匹配前	46.710	50.828	-38.60	-9.80***
	匹配后	46.798	47.993	-11.20	-1.64
受教育程度	匹配前	6.880	4.891	48.30	12.42***
	匹配后	6.254	4.412	47.20	1.15
健康情况	匹配前	2.903	2.626	23.20	5.98***
	匹配后	2.846	2.526	26.80	3.27***
家庭劳动人数	匹配前	2.855	1.688	168.50	48.47***
	匹配后	2.897	2.901	-0.50	-0.07
家庭成员平均年龄	匹配前	32.658	34.461	-13.70	-3.47***
	匹配后	31.778	33.177	-10.60	-1.61
家庭成员女性比例	匹配前	0.529	0.535	-3.50	-0.91
	匹配后	0.521	0.5214	-0.40	-0.05
家庭成员平均受教育年限	匹配前	9.315	8.257	31.00	7.99***
	匹配后	9.208	9.158	1.400	0.18

续表

变量	是否匹配	干预组	控制组	偏差（%）	T值
家庭实际经营土地面积	匹配前	6.440	7.984	-14.90	-3.70***
	匹配后	7.360	6.702	6.40	1.07
家庭总资产	匹配前	11.461	11.274	18.60	4.71***
	匹配后	11.416	11.154	26.00	3.03**
农业机械	匹配前	3.350	3.350	0.00	0.00
	匹配后	4.027	3.563	0.10	1.46
村庄经济发达水平	匹配前	7.847	7.810	4.30	1.11
	匹配后	7.669	7.870	-22.80	-2.59
村庄雇工工资水平	匹配前	4.007	4.008	-0.20	-0.06
	匹配后	3.988	3.961	7.60	0.95
村庄交通情况	匹配前	1.116	1.127	-0.60	-0.17
	匹配后	1.070	1.226	-7.90	-1.30
村庄地理地貌	匹配前	2.168	2.145	2.30	0.57
	匹配后	2.063	2.088	-2.50	-0.28

从匹配结果来看，对比多个变量的匹配前和匹配后的偏差幅度，以及T值的显著性变化，发现匹配后绝大部分变量的偏差幅度大幅下降，干预组和控制组的偏差不再显著，因而证明了采用PSM模型是十分必要的，同时应用这一方法结果也是相对有效的。

平衡性检验完成后，我们分别使用最近邻匹配法（非替代）、核匹配法、半径匹配法（r=0.01）分别进行匹配，匹配结果显示，非农就业依然稳健地负向影响留守人员的非农就业率和农业劳动供给时间。以最近邻匹配法（非替代）为例（表5-10），非农就业对劳动参与率和农业劳动供给时间的影响均通过1%显著性水平检验，且影响系数依然为负。即家庭中至少有一个成员外出时，留守成员的农业劳动供给会相应减少，进而再次证明基准回归的结论十分稳健。

表5-10 非农就业与留守人员农业劳动供给时间：PSM检验

ATT	劳动参与率	劳动供给时间
非农就业	-0.125***	-0.962***
	(-5.71)	(-6.23)
常数	0.545***	3.820***
	(-56.71)	(-56.11)
样本量	3315	3303

5.6 农地流转的中介效应

在前述理论分析中，我们提及非农就业除了通过"替代效应"和"财富效应"来影响留守人员农业劳动供给外，还可能会通过农地流转来影响留守人员劳动供给。为验证这一中介效应是否存在，以留守人员的农业供给时间为例①，通过以下三个方程进行依次检验（钱龙、钱文荣，2015；温忠麟等，2004）。

$$Labor\_time_i = c_1 \times off-farm + g_i \Sigma X_i + \varepsilon_1 \tag{5.5}$$

$$lz② = w_1 \times off-farm + m_i \Sigma X_i + \varepsilon_2 \tag{5.6}$$

$$Labor\_time_i = w_1' \times off-farm + b \times lz + g_i' \Sigma X_i + \varepsilon_3 \tag{5.7}$$

其中，方程（5.5）关注非农就业对农业劳动供给时间的影响，这与方程（5.1）并无区别。方程（5.6）关注非农就业对农地转出（或转入）的影响。方程（5.7）则是总的效应方程，同时考虑非农就业的直接影响和农地流转的间接影响。与第四章的检验程序保持一致，我们按照温忠麟、叶宝娟（2014）提供的新的中介效应检验流程来验证农地转出或转入的中介效应，在此不再赘述。

以农地转出为例，从中介效应检验的回归结果来看，第一步中（表5-5）③，方程（5.3）中关键自变量非农就业对留守人员农业劳动供给的影响是显著的，即 c_1 通过显著性水平检验。第二步为方程（5.6），结果显示（表5-11 第一列），非农就业显著影响土地转出，即 w_1 显著。但在表5-11 第二列，土地转出的系数变得不显著。即方程（5.7）中土地转出的影响系数 b 不显著（系数方向为负，这与预期相符）。依据中介效应检验流程，用 Bootstrap 法检验 $H_0: bw_1 = 0$，结果证实土地转出的间接效应显著。检验方程（5.7）中非农就业的显著性系数，发现 w_1' 依然显著，因而判断直接效应显著。这意味着，非农就业不仅直接影响农业劳动供给，而且通过土地转出间接影响农业劳动供给。

表 5-11   劳动供给时间：土地转出的中介效应分析

变量	土地转出	劳动供给时间
非农就业	1.675***	-0.035***
	(-2.93)	(-4.83)
土地转出	—	-0.005
		(-0.01)

---

① 农业劳动参与率的验证程序与其保持一致，有兴趣的可以向作者索取相应的结果。
② 土地流转方程中控制变量与方程（5.3）基本一致，只是将家庭实际经营面积改成家庭承包土地总面积。
③ 土地转入和土地转出中介效应第一步方程（5.3）的结果可参见基准回归结果表5-3。

续表

变量	土地转出	劳动供给时间
性别	-0.162	0.555**
	(-0.91)	(-2.06)
年龄	-0.149***	0.397***
	(-3.23)	(-4.69)
年龄平方	0.002***	-0.004***
	(-3.77)	(-4.54)
受教育程度	0.017	-0.003
	(-0.76)	(-0.08)
健康情况	0.007	-0.071
	(-0.11)	(-0.73)
家庭劳动人数	-0.496***	-0.938***
	(-4.51)	(-5.00)
家庭成员平均年龄	-0.003	-0.051***
	(-0.33)	(-3.45)
家庭成员女性比例	-0.465	-0.669
	(-0.91)	(-0.84)
家庭成员平均受教育年限	0.038	-0.017
	(-1.36)	(-0.41)
家庭实际经营土地面积（家庭成员承包面积）	0.003	0.031***
	(-0.37)	(-3.19)
家庭总资产	0.090	0.424***
	(-1.10)	(-3.32)
农业机械	-0.052**	0.159***
	(-2.35)	(-5.03)
村庄经济发达水平	0.007	-0.282**
	(-0.07)	(-1.99)
村庄雇工工资水平	0.196	0.306
	(-0.84)	(-0.88)
村庄交通情况	-0.247**	-0.071
	(-2.14)	(-1.09)
村庄地理地貌	-0.088	0.315***
	(-1.16)	(-2.77)
常数	-0.629	-10.060***
	(-0.36)	(-3.40)
sigma		5.944***
		(-51.15)
样本量	3323	3280

同理，我们也使用依次检验法来验证非农就业是否通过农地转入来间接影响农业劳动供给，结果发现农地转入并非是部分中介变量[①]。即非农就业并不会借助于土地转入来间接影响农业劳动供给[②]，只存在直接效应这一途径。

上述发现表明，留守成员调整农业劳动供给的渠道并不唯一。除了以往研究所强调的，一方面农户会因为农业劳动力数量改变以及家庭收入改变而调整留守人员的农业劳动投入；另一方面非农就业带来的劳动力资源重新配置也会带来土地资源的再配置，从而影响留守人员的农业劳动供给。当家庭非农就业率较高时，由于农业劳动力不足，农户还会通过农地转出形成来减小经营规模，从而达到有效降低劳作时间的目标。但是，我们并没有发现，土地转入带来的种植规模扩大时，留守人员就相应增加农业劳动供给来满足农业生产。这是因为，随着种植规模的扩大，农户会相应增加农业机械投入（钟甫宁等，2016），在原有劳动力不变甚至是劳动力减少的背景下，通过机械替代劳动（王翌秋、陈玉珠，2016），已有的留守劳动力并不需要增加农业劳动供给时间。这一点，我们已经在第 3 章进行了较好的论证。

我们的研究表明，以往文献只分析劳动力要素的重新配置是远远不够的，还需要考虑土地资源再配置的影响（钱龙等，2016a）。本书的研究意义在于，识别出了农户非农就业还会通过土地转出这一中介来影响留守人员的劳动供给，而土地转入则没有类似作用。

5.7 本章小结

非农就业如何影响留守成员的农业劳动供给关系到农户的农业生产安排以及农业产业的安全。本章系统论述了非农就业对留守人员农业劳动供给的影响机理，并利用 CFPS2012 大样本数据进行了实证验证。研究发现有：（1）基准回归表明，非农就业对留守人员的劳动供给有着显著的负向影响，随着家庭非农就业率的提升，留守农户的农业劳动参与率和农业劳动时间均随之下降。（2）分样本结果显示，老年群体和女性均受到非农就业的显著负向影响。非农就业对留守人员劳动供给的影响存在一定区域差异性，非农就业对中部和西部地区农户的影响更大，对东部地区的农户影响较小。（3）为克服内生性问题，运用村庄层面

---

① 实际上第 3 章，我们已经证实非农就业对土地转入没有显著影响，因而土地转入没有通过中介效应检验也是符合预期的。

② 土地转入并非是中介变量，因而关于劳动供给时间和土地转入的方程模型回归，我们在书中予以省略。

社会网络和家庭层面社会网络等多个工具变量进行稳健性回归，依然证实非农就业显著负向影响留守人员的农业劳动供给。使用 PSM 模型克服样本选择性偏差问题后，依然证实非农就业显著负向留守农户农业劳动参与率和劳动供给时间。

（4）机理分析表明，非农就业不仅通过"财富效应"和"替代效应"来直接影响留守人员的农业劳动供给，而且还会通过农地转出这一中介来间接影响劳动供给，但没有发现农地转入存在类似作用。

第6章 非农就业、农地流转与农业生产效率变化

6.1 问题的提出

随着城乡二元体制的日益宽松，为追求美好生活，大量的农村人口离开农业，进入城市中的二、三产业，从而形成了人类历史上蔚为壮观的民工潮。截至2015年，中国农民工总量已达到2.77亿人。农村人口大量外出务工和农业从业人员的大量减少，必然会影响到农业生产。有研究表明，中国已经越过刘易斯拐点，农村人口的大量减少和农业劳动力短缺已经对农村生产产生不利影响（蔡昉，2010b；盖庆恩等，2014）。本书的前述研究也发现，非农就业不利于农户的农业劳动供给和农业生产性投资（主要是流动性生产要素）。要想保持农业生产稳定和持续增长，必须有效提升农业生产效率。但非农就业会如何影响农业生产效率呢？从已有研究成果来看，学界并未在这一点达成一致结论（Azam and Gubert，2002；李明艳等，2010；Wouterse，2010；王子成，2015）。

与此同时，伴随着人口大量外流，农村地区的土地流转现象日益普遍。一方面，越来越多的农户在外出务工时选择将土地流转出去；另一方面，也有很多农户和新型经营主体有着很强的转入土地意愿。截至2016年6月，全国农村承包地中的1/3已经进入流转市场，超过6600万农户参与了农地流转。诸多成果虽然认识到非农就业很可能会影响到农业生产效率，但很少有文献意识到农地流转也会对农业生产效率产生显著影响（Jacoby and Mansurl，2008；冒佩华、徐骥，2015）。作为一种市场化配置，如果农地流转能够将土地从低效率生产者向高效率生产者转移（Carter and Yao，2002；Kung，2002；Deininger and Jin，2008b），那么农地流转将有助于农业生产安全和提升农业生产效率（Deininger et al.，2013），但是否如此仍然缺乏足够的证据（贺振华，2003；游和远等，2013；陈海磊等，2014）。因而，重新考察非农就业和农地流转对农业生产效率的影响十分有必要。

本章后续安排如下：6.2 进行文献综述，对相关文献进行梳理。6.3 进行理论分析，理顺非农就业和农地流转影响农业生产效率的作用机理。6.4 对模型涉及的变量设置进行介绍，并引入基准模型。6.5 展示了基本回归结果和分样本回归的结果。6.6 使用联立方程模型做进一步的稳健性检验。6.7 是本章小结。

6.2 文献回顾与评述

在农业经济学和发展经济学领域，非农就业如何影响农户农业生产和生产效率一直是一个焦点性话题，国内外众多学者对此进行了深入探讨。经典刘易斯模型中（Lewis，1954）认为，传统农业部门存在大量过剩劳动力，农村劳动力是无限供给的。现代部门的发展会逐渐吸收农业过剩劳动力，直至经济结构由二元转变为一元。但是刘易斯模型把传统农业部门视为静态和没有活力的部门，并没有足够重视农业在促进工业增长中的作用。拉尼斯和费景汉（Ranis and Fei，1961）进行了进一步改进，指出现代工业会首先吸纳边际生产率为零的农村劳动力直至刘易斯第一拐点，这一阶段传统部门的总产量并不会受到影响。当吸收完边际生产率为零的农业劳动力后，现代部门会继续吸收那部分边际生产率大于零但小于最低平均生活费用（制度工资）的劳动力直至刘易斯第二拐点，这一阶段开始影响到传统农业的生产。这一阶段最为关键，此时，如果没有生产技术的进步带来的农业劳动生产率的提升，则这个阶段的劳动力流出必然会导致农产品总产量下降和农产品开始出现短缺。这意味着传统发展经济学"唯工业化论"的转向，农业生产和生产率增长的意义开始被重视（Kuznets，1964；Laitner，2000）。20 世纪 70 年代之后，农业发展和农业剩余是二元经济结构转变和经济发展的必要条件的共识逐渐形成（Jorgenson，1961）。

尽管刘易斯模型得到了进一步改进，但也有学者批评到，其假设前提并不存在，农业生产中并不存在所谓的"边际生产率为零的劳动力"。舒尔茨是这一论点的主要代表人，在《改造传统农业》这一经典著作中，舒尔茨（Schultz，1965）提出农民是贫穷但有效率的，在传统农业中，生产要素配置效率低下的情况是比较少见的，农业生产中并不存在零值劳动力。并以印度 1918～1919 年流行性感冒引起的农业生产总量下降的事实为论据，证明农业产量的增减与农业人口的增减之间有着极为密切的关系。类似的，李远芳等（2012）以 1958 年中国"大跃进"为"准自然实验"来验证刘易斯的"农业零值劳动假设"，实证结果也不支持这一假说。但总的来说，经济学界倾向于调和上述两种观点，一方面认同农业中客观存在大量剩余劳动力，另一方面也认同这些劳动力的边际生产率并不为零（Sen，1975）。

近年来，学者们不再局限于"零值劳动力"的理论探讨，而是将目光聚焦于非农就业对农业生产或农业生产效率的实际影响，并从微观层面进行了诸多实证研究。有部分成果表明，非农就业会损害到农户家庭的农业生产效率。如 Rozelle 等（1999）对中国城乡人口迁移的研究发现，劳动力非农就业显著负向影响农业生产，外出务工人数每增加 1 个，农户的玉米单产水平就将净下降 14%。De Brauw（2010）对越南的研究也发现，劳动力外出务工降低了水稻产量。马贤磊（2010）对中国丘陵地区农户水稻种植户的调查表明，非农就业不利于土地生产绩效和劳动力生产绩效。Damon（2010）对萨尔瓦多的研究表明，农户家庭非农就业显著负向影响劳动生产率和土地产出率。Gartaula 等（2012）考察了尼泊尔城乡人口迁移对粮食生产的影响，也证实非农就业会降低粮食产量。李谷成等（2009）综合研究了多种农业生产效率，并基于湖北省固定观察点的数据证实，非农就业始终负向影响土地产出率、劳动生产率和农业技术效率。

也有很多研究发现，农户家庭非农就业有利于提升农户家庭的农业生产率。如 Wu 和 Meng（1996）利用 1993~1994 年的数据估计了中国农户的粮食生产函数，结果发现，农业的劳动力所占比重与粮食单产呈现负相关关系，劳动力外流对中国粮食生产的影响总体是正面的。李明艳（2009）基于省级面板数据实证分析了劳动力流动对农地利用效率的影响，研究发现劳动力流动稳健地提升农地利用效率。钱文荣和郑黎义（2010）基于 2009 年在江西省的农户调研，分析了劳动力外出务工对水稻生产的影响，发现务工户水稻产量平均比非务工户高 7%。Taylor 和 López–Feldman（2010）研究了墨西哥移民家庭的农业生产，证实移民有助于提升农户家庭土地生产率。王建英等（2014）基于江西省 2011 年 325 户农户的调查，也证实非农就业有利于提升农户的水稻种植技术效率。

此外，还有一些研究指出，非农就业可能并不引致农业生产效率的变化。如 Azam 和 Gubert（2002）对非洲国家的研究发现，有非农就业的家庭并没有显示出更高的生产率，两类家庭的农业生产率并无显著差异。Chavas 等（2005）考察了冈比亚农户非农就业对农业生产效率的影响，也发现非农就业的作用并不显著。基于 1992~2000 年中国县（市）水平的统计数据，马忠东等（2004）发现劳动力外出务工对县域层面粮食产出基本没有影响。Wang 等（2014）对中国农民工的研究也发现，劳动力迁移对农业生产率的影响十分微弱。此外，Feng 等（2010）对江西省农户的调查、Yang 等（2016）基于中国 5 省 2004~2008 年的面板数据的实证研究，均发现非农就业对农业生产效率的影响不显著。

除了从非农就业视角来分析农业生产效率变化，部分学者认识到，农地流转也可能会对农业生产效率产生影响。通常而言，农地流转（租赁）会提高流转双方的福利，并且有利于农业生产效率的提升（Yao，2000；Le et al.，2013）。如 Deininger 等（2008b）基于印度的研究表明，对农地租赁市场的不当限制不利于生产效率提升。Jin 和 Jayne（2013）使用肯尼亚 1142 名农户的十年面板数据分析了农地租赁和农业生产率的相互关系，证实农地租赁有助于农业生产效率的提升。由于土地产权结构的限制，在中国，农户只能通过农地流转来实现土地资源的再配置。关于中国农地流转市场对农业生产效率的研究，Hoken（2012）以浙江省奉化市和德清县的农户调查为研究样本，通过实证研究证实，土地租赁市场提高了劳动力配置效率和农地利用效率。陈海磊等（2014）基于山西省农村固定观察点 2004~2010 年数据，分析了农地流转是否具有效率改进效应，结果证实生产效率较高的农户更倾向于转入土地，土地确实是从低效率的农户向高效率的农户转移。类似的，Deininger 和 Jin（2005）、Feng（2008）、Kimura 等（2011）对中国农地流转的研究均发现，良好的土地租赁市场能够有效提高农业生产效率。

但也有一些成果指出，农地流转并不必然提升农业生产效率。如 Li 等（1998）利用河北、辽宁两省 664 名农户的调查，对农户是否享有土地转让权和土地生产率之间的关系进行的实证研究发现，土地流转并不影响土地生产率。这一方面可能是因为农地流转本身无法提升农业生产效率，是否能够提升农业生产效率的关键在于引入新的生产要素（贺振华，2003）。另一方面也有可能是因为农地流转遭遇其他条件限制。如 Deininger 等（2013）针对埃塞俄比亚阿姆哈拉地区进行的四轮调查表明，由于低效率租赁合同的存在，高生产率生产者并没有体现出生产率优势。还有可能因为农地流转市场的发育程度的区域差异性。如朱建军等（2011）对比分析了浙江和甘肃两省农地流转对土地产出率的影响，研究发现，在发育程度较高的浙江省，农地流转显著提升了土地产出率，但在较为落后的甘肃省，农地流转的效果不明显。

土地转入和转出对农业生产率的影响可能存在差异。刘涛等（2008）利用江苏省南京市农户调查，运用多元线性回归模型进行的实证分析表明，转出土地的农户的农业生产率要低于非转出户，转入土地农户的农业生产率要高于非转入户。孙屹等（2014）基于新疆天山北坡经济带玛纳斯县 327 户农户的调查，通过实证研究发现，转入土地有利于提升劳动生产率，而转出土地有利于提升土地生产率。陈园园等（2015）对晋西北地区 296 户农户进行了调查，实证分析了土地转入和转出对农民生产效率的影响，结果表明，土地转入行为对农户的劳动生产率有显著正向影响，而农户的土地转出行为对其影响则不显著。戚焦耳等（2015）采用江苏省的实地调研数据，运用 DEA-Tobit 模型两步法详细分析了农地流转对农业生产效率的影响，结果证实，转入户的效率最高，转出户其次，非流转户最低。冒佩华等（2015）基于 2013 年 21 个省（市、自治区）30 个县的农户家庭微观调研数据，使用倾向得分匹配法进行了实证研究，发现转入土地能使家庭农业劳动生产率增加 43.3%，而转出土地对农业劳动生产率没有影响。

整体而言，既有研究较为详尽地分析了非农就业对农业生产效率（包括劳动生产率、土地产出率和农业技术效率等方面）的影响，并开始涉及农地流转对农业生产效率的影响，并未得出一致结论。基于中国情景的实证研究大部分是基于某一区域的微观调查，存在着样本量偏小和缺乏代表性等问题。更为关键的是，既有研究很少联合考虑非农就业和农地流转对农业生产效率的影响（Feng，2008；王建英等，2015）。即使有个别学者意识到，但也是将其视为外生变量，并没有意识到两者之间的相互影响（杜鑫、杜志雄，2015）。实际上，非农就业会显著影响农地流转（Deininger and Jin，2008b），而农地流转也可能反向影响农户家庭非农就业（Kung，2002；Wang，2013），而这一点几乎被现有研究所忽略。

有鉴于此，本书试图基于全国大样本数据调查 CFPS2010 和 CFPS2012，尝试理顺非农就业和农地流转影响农业生产效率的作用机制，对转型时期非农就业和农地流转对农业生产效率的影响进行实证分析。农业生产效率是一个综合性的指标（李谷成等，2009），包括劳动生产率、土地产出率、全要素生产率、技术效率等多个维度。考虑到土地产出率关乎农业生产与粮食安全、劳动生产率关乎农民收入问题，两者均是当前"三农问题"的重中之重。因而本书将重点研究非农就业、农地流转对这两种农业生产效率的影响。

6.3 理论与机理分析

非农就业对农业生产效率的影响机制是复杂的，通过对既有文献的梳理，并结合中国情景，我们认为非农就业至少可以从以下几个途径来影响农户家庭的农业生产效率（钱龙、洪名勇，2016）。

首先，非农就业导致家庭农业劳动力流失，会影响到农业生产效率。从生产规模来看，我国毫无疑问属于小农经营，2013 年我国农村户均耕地规模约为 0.5 公顷（7.5 亩），仅仅为欧盟的 1/40。就是与同为东亚小农的日本和韩国相比，也要少一半左右（卢华、胡浩，2015），远远低于世界银行公布的 2 公顷的小农户定义标准（陈海磊等，2014）。就人口规模而言，农村人口基数大，长期以来农村劳动力都处于严重过剩状态。由于土地规模的有限性，以及非农就业机会的稀缺性，中国农业长期处于"过密化"，是典型的"内卷型"农业（黄宗智，2000a）。小农因为种植规模限制，通常会采取自我剥削机制（恰亚诺夫，1996），依靠投入更多劳动来提高土地生产率，而不在乎机会成本较低的劳动力投入。

随着中国宏观经济环境的改善和非农就业机会的增加，农村过剩劳动力越来越多地流入城市，留守在农业的劳动力数量在近 30 年间减少了约 3 亿人。农村劳动力适度流失，有助于缓解劳动力过剩和"过密化"，从而有助于提升农业劳动生产率（夏庆利、罗芳，2012）。但是当劳动力过度流失时，土地利用可能就会因为劳动力短缺而无法精耕细作，即使投入更多的农药、化肥等生产要素，也可能会降低土地的产出率（蔡基宏，2005）。

其次，非农就业虽然导致了劳动力流失效应，但非农就业能够通过增加汇款和提升家庭总收入水平来影响农业生产效率（Gartaula et al. , 2012）。在新移民经济学看来，非农就业不完全是一种个人理性抉择，更多的是家庭层面的理性决策（Stark and Bloom, 1985; Stark, 1991a）。通过家庭劳动力资源在农业和非农业的重新配置，既能够降低风险，也能够实现家庭收益最大化。非农就业带来的收入提升能够扩展留守农业的家庭成员的收入约束边界，弥补信贷市场发育不足，使其能够购买更多的资本密集型和劳动力节省型的农业生产要素（Rozelle et al. , 1999; Taylor et al. , 2003; 史常亮等，2016）、增加农业雇工（Yang et al. , 2013）和引进新的生产技术（Goodwin and Mishra, 2004），弥补劳动力流失效应，有效提升劳动力生产率，减缓土地生产率的下降幅度。但达到上述目标的前提是，汇款收入能够被优先用于投资农业。虽然很多研究发现非农收入增长和汇款的增加确实能够促进农户对农业的投资（Taylo, 2010; Chiodi et al. , 2012; Bohra-Mishra, 2013; Randazzo and Piracha, 2014），但是也有不少研究发现，农户并没有购买新的机械，投入更多的化肥、农药、良种，而是将汇款收入主要用于家庭住宅建设与维修、子女教育和其他耐用品消费方面（De Brauw and Rozelle, 2008; Huang et al. , 2009; Zhu et al. , 2014; Davis and Lopez-Carr, 2014）。因此，非农收入增长和汇款收入增加能否弥补劳动力流失导致的负面效应，从而有效提升劳动生产率和土地产出率并不确定。

第三，非农就业可能会通过降低农业重要性来影响农业生产率。虽然非农收入能够带来家庭收入水平的提升，这可能会增加农业投资，但随着非农就业比例的提升，农业收入占农户总收入的比例在下降，造成农业走向兼业化，甚至是副业化（Hennessy and Brien, 2008）。那么由于农业重要性下降，农户可能会减少农业生产要素投入（Qin, 2010; Ji et al. , 2012; 王子成、郭沐蓉，2015）。也有一些研究显示，汇款带来的收入增长使得留守劳动力更倾向于增加闲暇时间和减少农业劳动力供给时间（Cao and Birchenall, 2013; Wang et al. , 2014），导致农业经营的粗放化（许庆、章元，2005; Maharjan et al. , 2013; 陈飞、翟娟，2015），进而负面影响劳动生产率和土地产出率（Carletto et al. , 2013）。

第四，非农就业还可能通过改变农业种植结构来影响农业生产率。在发展中国家，由于农村要素市场普遍发育不完善，农户既是生产者也是消费者，农户模型的分离性并不成立（Barrett, 1996）。关于亚洲、非洲和拉丁美洲的大量研究均证明了这一论点（王建英等，2015）。但是种植结构变动会如何影响农业生产率，仍然无法确定。一方面，随着家庭成员更多地参与非农就业，农户收入大幅上升，农户能够更多地依赖市场来获得粮食，对自种粮食的依赖程度降低。这会增加农户转换农业种植结构可能性，农户可能会减少粮食生产而增加经济效益更高的经济作物（田传浩、贾生华，2003），从而有利于提升土地产出效率和劳动生产率。这一点也得到一些研究的证实，如 Damon（2010）对萨尔瓦多的农户研究发现，有非农就业的家庭更可能转换种植结构，农户更倾向种植经济作物。杨进等（2016）基于2004~2008年5省固定观察点数据，证实农户家庭非农就业的提升会降低粮食和棉花的种植比例，但会提高蔬菜和麻类作物的种植比例。宏观数据也显示，近年来，经济作物的种植比重确实在上升。根据国家统计局公布的数据，蔬菜和水果的播种面积占总播种面积的比例在1990年只有2.2%和1.2%，但2010年这一比例迅速上升至11.8%和7.1%。另据统计，2009~2014年我国"非粮化"耕地面积约占总耕地面积的44%（匡远配等，2016）。黄宗智（2010）则指出，农业内部种植结构从粮食为主向粮经并重转变是当前中国农业正在经历的隐性革命的一部分。

另一方面，非农就业带来的农业劳动力短缺，很可能导致农业生产转为"懒人农业"。农户会减少农业种植规模，或者减少劳动力密集型农作物的生产、增加劳动力节省型的农作物种植比例，这很可能会降低劳动生产率和土地产出率。如陈风波、丁士军（2009）对江汉平原水稻种植户的调查发现，农户家庭因为劳动力转移至非农产业，为缓解家庭劳动力不足，多数农户将传统的双季稻改变为单季稻。余凤（2013）基于重庆市农户的调查发现，农户大幅减少了劳动密集型作物（如水稻和小麦）的种植，而增加了劳动力节省型的作物（如玉米）的种植。张宗毅、杜志雄（2015）基于中国1740个种植业家庭农场监测数据的实证分析也发现，劳动力约束会导致农户种植更多劳动力节省型的作物。

第五，非农就业还能够通过改变留守农业的劳动力结构来影响农业生产效率。相对而言，农业生产中，青壮年的劳动生产率、耕地产出率和农业技术效率相对较高，而老年人因为健康状况和体力下降、自身文化素质限制、采纳新技术的意识较低（杨志海等，2015），可能不利于农业生产效率提升。一些研究也证实上述判断，如盖庆恩等（2014）。本书基于2004~2010年5省面板数据进行的实证研究发现，老人的劳动生产效率只有青壮年男性的71%。杨俊（2011）对湘西南丘陵地区、江汉平原地区和太湖平原地区农户进行了调查，通过实证分析也发现壮年劳动力的耕地利用效率要高于老年劳动力。麦尔旦·吐尔逊等（2015）基于江汉平原农户的调查，运用 DEA-Tobit 模型研究了农村劳动力老龄化对种植业生产技术效率的影响，证实劳动力老龄化对农户的综合技术效率与纯技术效率均产生显著负向影响。但是，由于青壮年劳动力在非农领域也具有相对优势,为实现家庭收益最大化,家庭内部最先转移至非农领域的也是青壮年劳动力。多个微观调查均显示,劳动力流动导致的农业劳动力老年化程度正在加深(李旻、赵连阁,2010;林本喜、邓恒山,2012;余凤,2013)。根据全国层面人口普查数据,2010年农业从业人员平均年龄为44岁,45岁及以上人口所占比例高达47.1%(刘妮娜、孙裴佩,2015)。农业部农村固定观察点的数据也显示,2010年农业生产中老年劳动力(60岁及以上)比例上升至27.31%,而41~59岁劳动力占比约六成,是当前农业生产的主力(周宏等,2014)。因而,预期非农就业带来的劳动力老年化会不利于劳动生产率和土地产出率。

从上述分析来看,非农就业对劳动生产率和土地产出率的影响既存在正向促进效应,也存在负面影响(见图6-1),具体影响如何,仍需要进一步的验证。

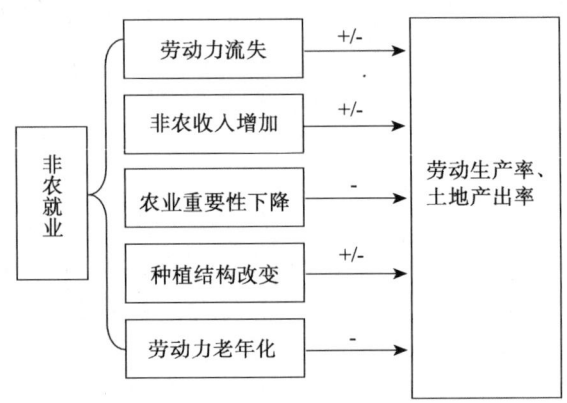

图6-1 非农就业影响农业生产效率的机理

农地流转则主要通过改变土地规模来影响农户的农业生产效率。较早的一些研究认为,农地流转会产生"拉平效应"(Carter and Yao,2002;Deininger et al.,2008b),将土地从生产率低的家庭转移至生产率高的农户家庭,实现土地资源配置的帕累托改进(朱建军等,2011;冒佩华、徐骥,2015)。但除了农户农业生产能力的个人比较优势以外,事实上,农地流转还可以通过改变土地细碎化和实现规模经营来影响农业生产效率。中国农村实行土地在集体内部的平均分配以保障成员的生存权,但过于平均分配的土地造成了土地的分散化和细碎化(陈志刚等,2007),土地流转则能够改善这一现象。虽然有少数研究指出,农地流转并不会实现土地的集中(钟甫宁、王兴稳,2010),反而会造成土地资源的进一步分散(金松青、Deininger,2004;克劳斯·丹宁格,2007)。但更多的研究表明,土地流转还是实现了土地资源一定程度的集中(Zhang,2008)。田传浩、贾生华(2003)基于2000年苏、浙、鲁18个乡镇的农户调查表明,农地市场化程度越高的地区,土地配置的基尼系数越大,土地使用权的集中程度也越高。唐浩等（2011）利用2006年中国综合社会调查（CGSS）中的农户数据研究了农地流转对土地使用权分配的影响，发现农地流转微弱地提升了土地基尼系数。朱建军、胡继连（2015）利用2011年中国健康与养老追踪调查（CHARLS）的数据分析了农地流转对耕地经营权配置的影响，也证实了农地流转能够促进耕地集中。

土地细碎化现象不仅会造成物质投入成本上升，田埂和地块边界也造成土地资源浪费。土地细碎化还会造成劳动力在各个地块来回奔波，导致劳动效率损失，并且较小的地块规模也阻碍了农业机械的采用和农田基础设施建设。因而整体上土地细碎化不利于农业生产效率提升（Tan et al.，2008；Manjunath，2013；Latruffe 和 Piet，2014；黄祖辉等，2014）。土地规模的扩大则有助于改变上述不利条件，能够显著促进农户增加要素投入、购买机械和引入新技术（田传浩、方丽，2013），从而影响到劳动生产率和土地产出率。目前，学界对土地规模的扩大有助于提升劳动生产率已达成共识（孙屹等，2014；冒佩华等，2015），但土地产出率会如何变化尚未形成一致结论。诸多研究发现随着土地种植规模扩大到一定程度后，土地产出率反而会出现下降现象，即存在反转规律（Sen，1962；Barrett et al.，2010；Carletto et al.，2013）。但我国当前阶段人地矛盾仍然突出，土地流转也刚刚兴起，土地集中程度和土地种植规模仍然偏小（卢华、胡浩，2015），反向规律也可能尚未出现。正如一些研究的发现一样，我国仍可能长期处于土地产出率会随着土地规模的扩大而增加的阶段（范红忠、周启良，2014；王建英等，2015）。

因而，我们预期整体上农地流转会对农业生产效率产生积极影响，土地使用权的市场化配置能够提升农地资源配置效率和劳动力资源配置效率。但这一效应对于土地转入户和转出户的影响存在差异。转入户的土地规模扩大，能够提升劳动生产效率，但土地产出效率可能受到负面影响，也可能会随着土地规模的增加而增加（取决于反转规律是否出现）。转出户因为转出土地而出现种植规模缩小，留守农业劳动力更可能进行精耕细作，可能会提升土地生产效率，但农地种植规模的下降会降低劳动生产率。当然，上述理论推断是否成立，还需要验证。

最后，需要指出的是，非农就业和农地流转是相互影响的。当农户家庭非农就业率越高时，农户越可能流转土地（Deininger 和 Jin，2008a；Xie 和 Jiang，2016）。农地流转也会反向影响农户家庭劳动力资源的非农配置（Kung，2002；Zhang et al.，2004；范毅，2014）。流转顺畅的农地市场能够促进家庭劳动力的非农就业（Mullan et al.，2011；Deininger et al.，2014），反之，受到限制的农地市场则会阻碍农户家庭的非农就业（Willmore et al.，2012）。因而，有效解决内生性问题的干扰后，联合考虑非农就业和农地流转的作用才能够更好地把握二者对农业生产效率的真实影响（钱龙、洪名勇，2016）。

6.4 变量与模型

6.4.1 变量设置与说明

根据上述思路和参照已有的文献，本书将微观层面的主要变量确定如下，包括对被解释变量、关键解释变量、要素投入变量、户主特征、家庭特征、村庄特征和省份虚拟变量的解释与说明①。

1. 农业生产效率

正如前文所述，在不同的研究中，农业生产效率的概念和内涵存在差异。在以往研究中，有部分学者使用全要素生产率（Feng，2008；陈海磊等，2014；杨志海等，2014；黄祖辉等，2014；Yang et al.，2016），但也有很多学者使用单要素生产率（Smith，2004；陈志钢等，2007；朱建军等，2011；范红忠、周启良，2014）。但鉴于本书的研究目标为两类农业生产效率，重点并非 TFP，故采用单要素生产率。其一是劳动力生产率，专指务农劳动力的生产率。虽然有部分研究使用单位土地劳均农作物产量来表示，但由于 CFPS2012 数据并未提供这方面的数据，只提供了经营土地所产农作物的产值，因而使用单位劳动力每年产出价值（纯利润）来表示（李谷成等，2009；孙屹等，2014）。之所以使用单位农业劳动力的农业产值纯利润来表示，是因为相对毛利润，这个指标更能够反映出农户从事农业生产的净收益，或者说农业的相对竞争力，从而更好地表示农户从事农业生产获取收入的能力。另一衡量农业生产效率的重要指标是土地产出率。土地产出率或者称为土地利用效率，在农地资源日益紧缺的时代背景下，如何有效提升土地产出率关乎农业生产安全。借鉴 Lamb（2003）、史清华（2005）、Carletto 等（2013）的研究，使用单位土地农作物净利润②予以表示，这与部分研究使用毛利润并不相同（林本喜、邓衡山，2012）。同理，之所以采用净利润这一指标，是考虑到农业生产的安全性取决于农业比较优势，相对毛利润，纯利润在这方面

---

① 本书并未引入土地产权这一控制变量，这一方面是因为 CFPS 并没有提供此类信息，另一方面是因为我们使用的是横截面数据，土地产权可被视为是稳定的和外生的。且在 2010 年之后，农地调整很少发生，土地产权是基本稳定的（王建英等，2015）。另外，通过对相关研究的梳理发现，农地产权是否影响农业生产效率存在争论（Place，2008；Abdulai et al.，2011），诸多研究并不支持产权影响生产效率。即使有些研究证实土地产权有影响，但影响也十分微弱（Macours et al.，2010；马贤磊，2010）。

② 农业纯利润是指农户种植的所有农作物（粮食作物和经济作物）价值减去农户投入的化肥、农药、种子等物质投入的价值后余额，单位土地亩均纯利润则进一步除以农户实际经营土地面积。

更具优势。

2. 非农就业

非农就业是本书的关键解释变量，虽然有部分研究使用非农收入占总收入的比例来表示非农就业（刘涛等，2008；李明艳等，2010；张锦华等，2016），但考虑到非农就业的本质是家庭劳动力资源的再配置，因而本书借鉴 Benjamin 和 Brandt（2002）及 De Brauw（2010）的研究，使用"非农劳动力占家庭总劳动力之比"来表示这一变量①。

3. 农地流转

农地流转是本书的另一关键解释变量，仅仅考察农户是否参与流转还不足以区分农户的流转行为及其对土地规模的影响，因而使用"农户家庭是否参与农地转出"或"农户家庭是否参与农地转入"来更细致地测度其土地流转行为（Feng et al.，2010）。

4. 要素投入

由于已经在纯利润中扣除了农业生产物质投入，这里的要素投入仅包括难以量化的土地、劳动和机械投入。农业劳动投入是影响农业生产效率的一个关键影响因素（Mathenge et al.，2015），本书使用农业劳动力数量/实际经营土地面积的对数，来表示农户投入农业生产的劳动强度。土地规模是影响农业生产效率的另一重要因素，也是规模经济能否实现的关键（王建英等，2015）。本书使用家庭实际经营土地面积来表示这一方面的特征。机械投入是农业现代化的标志之一，在劳动力大量流失和老年化背景下，农业生产机械化的重要性日益凸显（Ji et al.，2012）。参照已有文献，本书使用农户家庭持有的各种大中小农业机械的总价值（对数）来表示。

5. 户主特征

虽然近年来诸多研究基于新迁移经济学理论（NELM），主要从家庭层面对农户的行为进行分析，指出农户的决策多是家庭层面的联合决策，但这并不代表农户个体特征可以被忽视。特别是对中国而言，户主的权威使其通常发挥着至关重要的作用。这里我们引入 CFPS 中提供的"管理农业账目的人"作为虚拟"户主"，相对名义上的户主，真正管理和从事农业的更可能对农业生产效率产生影响（钟太洋、黄贤金，2012）。在模型中，引入户主的性别、年龄和受教育程度三个变量（Deininger and Jin，2006；Feng et al.，2010）。

6. 家庭特征

借鉴已有的文献，家庭特征维度变量，我们主要关注家庭人口特征和家庭金

---

① 正如部分研究指出，非农就业可以进一步细分为本地非农就业和外地非农就业，两种形式的非农就业的影响可能存在差异，但 CFPS 中很难识别出两种非农就业，因而只使用总的非农就业率。

融能力特征的影响（Taylor and López – Feldman，2010；Deininger et al.，2013）。前者包括家庭成员平均受教育年限、平均年龄和女性比例三个变量，来控制人口层面的影响。后者则包括家庭金融性资产价值（对数）和非房贷性金融负债（对数）两个变量，以分析家庭利用金融工具能力对农业生产效率的影响。

7. 村庄特征

以往诸多研究很少考虑到村庄层面因素的影响，而不同村庄特征也很可能会影响到农业生产效率。为此，本书引入村庄经济水平、村庄交通情况和村庄地理地貌，以控制这一层面的影响。

8. 省份虚拟变量

不同区域也存在很大差异（朱建军等，2011），为控制区域层面的不可观测因素的影响，引入不同省份的虚拟变量来予以控制。

本书涉及的所有变量的说明与描述统计性分析如表6–1所示。

表6–1　农业生产效率模型中变量设置与描述

变量	变量定义	平均值	标准差
劳动生产率	亩均劳动力产值（对数）	6.122	3.241
土地产出率	亩均土地纯利润（对数）	6.531	1.338
非农就业率	非农劳动力×100/家庭总劳动力	61.73	27.820
土地转入	1＝农户参与土地转入；0＝没有	0.153	0.360
土地转出	1＝农户参与土地转出；0＝没有	0.116	0.320
劳动力投入强度	农业劳动力数量/实际经营土地面积（对数）	0.386	0.361
家庭实际经营土地面积	家庭实际耕种的土地总面积（亩）	6.681	10.053
农业机械投入	家庭农业器械总价值（元/对数）	1.431	4.692
户主性别	1＝男；0＝女	0.637	0.481
户主年龄	岁	50.876	12.565
户主受教育程度	接受教育年限（年）	5.153	4.352
家庭成员平均年龄	成员年龄总和/成员人数（岁）	35.042	15.221
家庭成员女性比例	家庭成员中女性比例	0.539	0.181
家庭成员平均受教育程度	家庭成员受教育年限总和/家庭成员人数（年）	8.350	3.399
家庭金融性资产价值	金融性资产总价值（元/对数）	7.807	2.776
家庭非房贷性金融负债	非房贷金融负债价值（元/对数）	0.822	5.084
村庄经济水平	本村居民人均纯收入（元/对数）	7.853	0.890
村庄交通情况	村委会到县城所花的时间（小时）	1.123	1.711
村庄地理地貌	1＝丘陵；2＝高山；3＝平原；4＝其他	2.188	1.046

6.4.2 模型选择

为考察非农就业和农地流转对农业生产效率的影响,借鉴李谷成(2009)、Feng et al.(2010)、陈园园等(2015)、王建英等(2015)的实证模型,将本书的基准模型设置如下:

$$Labor\_efficiency = C_1 + a_1 \times migrant + a_2 \times zr + a_3 \times zc + \Sigma\delta_i X_i + \gamma P + \varepsilon_1 \quad (6.1)$$

$$Land\_efficiency = C_2 + \beta_1 \times migrant + \beta_2 \times zr + \beta_3 \times zc + \Sigma\delta_i X_i + \gamma P + \varepsilon_2 \quad (6.2)$$

式(6.1)和式(6.2)中,$Labor\_efficiency$ 表示农户家庭农业劳动生产率,$Land\_efficiency$ 表示土地产出率,$migrant$ 表示农户家庭的非农就业率,zr 和 zc 分别为农户家庭的转入和转出行为。X_i 表示其他一系列控制变量,包括要素投入、户主特征、家庭特征和村庄特征,P 表示省份虚拟控制变量。我们主要通过判断 a_1 和 β_1 的显著性和影响方向来判断非农就业对劳动生产率和土地产出率的影响,通过判断 a_2 和 β_2 来分析农地转入行为对农业生产效率的影响,通过 a_3 和 β_3 来判断农地转出行为对农业生产效率的影响。

6.5 计量结果与分析

6.5.1 描述性分析

首先进行简单的统计性分析。按照家庭非农就业率是否超过样本均值,我们将样本区分为高非农就业率家庭户(大于等于均值)和低非农就业率家庭户(小于均值)。结果显示(见表6-2),对于高非农就业率家庭而言,劳动生产率明显低于低非农就业率家庭,但两类家庭的土地产出率差异并不明显。这说明非农就业可能不利于劳动生产率,而其对土地产出率的影响并不大。

表6-2　　　　　　　　农业生产效率描述性分析

农业生产效率	高非农就业率	低非农就业率	土地转入户	非土地转入户	土地转出户	非土地转出户
劳动生产率	5.626	6.239	7.659	5.846	3.163	6.517
土地产出率	6.527	6.532	6.493	6.54	6.755	6.52

土地流转方面,相对于非转入户,土地转入户有着更高的劳动生产率,这与理论预期相符。但土地转入户的土地产出率稍低于非转入户,这可能意味着土地

规模的扩大不利于土地产出率。类似的，相对于非转出户，土地转出户的劳动生产率大幅下滑，仅仅达到非转出户的48.5%，这可能意味着土地转出十分不利于劳动生产率。但土地转出户的土地产出率稍高于非流转户，再次说明土地规模可能负向影响土地产出率。

6.5.2 基准回归

为提高模型拟合回归可靠性，利用式（6.1）分析非农就业和农地流转对农户劳动生产率的影响时，采取逐步添加影响因素的方法进行多次拟合回归。其中模型一只引入关键被解释变量和要素投入；模型二在模型一基础上添加户主特征维度变量，模型三在模型二的基础上加入家庭特征维度变量，模型四在模型三的基础上进一步引入村庄层面特征变量，且上述拟合回归均控制了省域特征（见表6-3）。从表6-3的回归结果来看，包括关键解释变量在内的绝大部分被解释变量的系数和显著性并未发生明显变化，因而模型有着很好的稳健性和解释力。

表6-3 劳动生产率基准模型

变量	劳动生产率			
	模型一	模型二	模型三	模型四
非农就业	-0.401***	-0.555***	-0.735***	-0.707***
	(-2.73)	(-3.72)	(-4.74)	(-4.22)
土地转入	0.241***	0.224***	0.236***	0.171***
	(-4.55)	(-4.23)	(-4.31)	(-3.00)
土地转出	-0.030	-0.031	-0.003	-0.054
	(-0.32)	(-0.33)	(-0.04)	(-0.51)
劳动力投入强度	-0.890***	-0.891***	-0.935***	-1.020***
	(-14.17)	(-14.21)	(-14.35)	(-13.76)
家庭实际经营土地面积	0.009***	0.009***	0.008***	0.007***
	(-4.31)	(-4.27)	(-3.81)	(-3.42)
农业机械投入	0.039***	0.036***	0.034***	0.031***
	(-9.15)	(-8.51)	(-7.62)	(-6.74)
户主性别		0.040	0.078	0.045
		(-0.90)	(-1.63)	(-0.88)
户主年龄		-0.005***	-0.006**	-0.006**
		(-2.90)	(-2.47)	(-2.40)
户主受教育程度		0.021***	0.013**	0.015**
		(-4.31)	(-2.10)	(-2.34)

续表

变量	劳动生产率			
	模型一	模型二	模型三	模型四
家庭成员平均年龄			0.004*	0.003
			(-1.92)	(-1.29)
家庭成员女性比例			0.106	0.014
			(-0.73)	(-0.09)
家庭成员平均受教育程度			0.017**	0.017**
			(-2.30)	(-2.16)
家庭金融性资产价值			0.053***	0.056***
			(-6.69)	(-6.74)
家庭非房贷性金融负债			0.000	0.000
			(-0.08)	(-0.00)
村庄经济水平				0.031
				(-1.17)
村庄交通情况				-0.017
				(-1.42)
村庄地理地貌				0.002
				(-0.09)
常数	8.062***	8.193***	7.484***	7.412***
	(-3.66)	(-67.21)	(-41.55)	(-26.15)
省份	已控制	已控制	已控制	已控制
样本量	4889	4884	4388	3896

注：***、**、*分别表示1%、5%和10%的显著性水平，括号内为z值，下同。

从基准模型回归结果来看（见表6-3），非农就业显著且稳健地负向影响劳动生产率，这与马贤磊（2010）和Damon（2010）的结论相同。当农户家庭的非农就业率提升1个百分点时，家庭农业劳动力生产率就会相应下降0.71个百分点。联系前述机理分析，这说明非农就业对劳动产出率的负面效应超过了正面促进效应，从而在整体上负面影响劳动生产率。

土地转入和土地转出对劳动生产率的影响存在差异。土地转入稳健地显著正向促进劳动生产率。相对非土地转入户，土地转入户的劳动生产率更高。这说明土地转入带来的种植规模的扩大确实有助于提升农业劳动力生产率，这与主流文献的结论保持一致（刘涛等，2008；孙屹等，2014），从而证实了土地流转带来的土地使用权的集中和规模经营有利于提升农业生产效率和农民增收。土地转出对劳动生产率的影响系数为负，符合理论预期，但并未通过显著性检验，这与陈园园等（2015）、冒佩华等（2015）的研究发现相同。拟合结果说明，土地转出虽然减小了土地种植规模，但并未显著降低劳动生产率。

对于土地产出率，类似的，根据式（6.2）采取逐步添加控制变量维度的方法，多次进行拟合回归，其基准回归结果如表6-4所示。从回归结果来看，非农就业稳健地显著负向影响土地产出率。当农户家庭非农就业率提升1个百分点时（模型八），土地产出率会相应下降0.59个百分点。

表6-4　　　　　　　　　　土地产出率基准模型

变量	土地产出率			
	模型五	模型六	模型七	模型八
非农就业	-0.344 ***	-0.469 ***	-0.630 ***	-0.589 ***
	(-2.66)	(-3.56)	(-4.57)	(-3.96)
土地转入	0.252 ***	0.239 ***	0.232 ***	0.195 ***
	(-5.37)	(-5.10)	(-4.76)	(-3.83)
土地转出	0.063	0.063	0.063	0.018
	(-0.76)	(-0.76)	(-0.74)	(-0.19)
劳动力投入强度	1.079 ***	1.078 ***	1.062 ***	1.089 ***
	(-19.15)	(-19.17)	(-18.01)	(-16.31)
家庭实际经营土地面积	-0.024 ***	-0.024 ***	-0.023 ***	-0.022 ***
	(-12.95)	(-13.03)	(-12.35)	(-11.56)
农业机械投入	0.038 ***	0.035 ***	0.032 ***	0.030 ***
	(-10.03)	(-9.42)	(-8.12)	(-7.23)
户主性别		0.035	0.049	0.015
		(-0.91)	(-1.16)	(-0.33)
户主年龄		-0.004 **	-0.005 **	-0.004 **
		(-2.54)	(-2.21)	(-1.99)
户主受教育程度		0.018 ***	0.012 **	0.015 **
		(-4.04)	(-2.18)	(-2.68)
家庭成员平均年龄			0.004 **	0.002
			(-2.01)	(-1.22)
家庭成员女性比例			0.162	0.097
			(-1.26)	(-0.72)
家庭成员平均受教育程度			0.013 *	0.011
			(-1.90)	(-1.55)
家庭金融性资产价值			0.052 ***	0.053 ***
			(-7.29)	(-7.11)
家庭非房贷性金融负债			0.001	0.001
			(-0.24)	(-0.31)
村庄经济水平				0.050 **
				(-2.14)

续表

变量	土地产出率			
	模型五	模型六	模型七	模型八
村庄交通情况				-0.017*
				(-1.65)
村庄地理地貌				0.010
				(-0.50)
常数	6.494***	6.587***	5.872***	5.550***
	(-112.37)	(-61.16)	(-36.63)	(-22.02)
省份	已控制	已控制	已控制	已控制
样本量	4873	4868	4374	3885

这表明非农就业对土地产出率影响的正向促进效应无法抵消其负面效应，综合效应表现为劳动力流失不利于土地产出率，这与 Rolleze 等（1999）、李谷成等（2009）和 Gartaula 等（2012）的结论相同。即家庭非农就业导致的农业劳动力损失，还是会对精耕细作型的传统耕作模式产生负面影响。在劳动力流失后，土地产出率会下降。

土地转入和转出对土地产出率的影响也不一样，其中土地转入显著地促进土地产出率，且这一影响十分稳健。这说明农地流转带来的农地集中有助于提升土地产出率（范红忠、周启良，2014）。同时，土地转出并未通过显著性水平检验，表明土地转出对土地产出率没有显著影响。整体而言，上述结果意味着土地转入有助于提升土地产出率（杨俊、李争，2015），而土地转出行为并没有导致土地产出率的损失。

6.5.3 分样本回归

为了进一步验证非农就业和农地流转对农业生产效率的影响的稳健性，我们分别按照劳动力是否充足和农业机械拥有量的多少将样本进行细分，表6-5中显示的劳动力充足分样本（家庭劳动力数量大于等于样本均值）和农业机械拥有量多的分样本（农业机械价值对数大于等于均值）拟合回归结果。

之所以做如此分类，是考虑到非农就业和农地流转影响农业生产效率的本质在于改变人地配置效率。在整体样本基准回归结果中（表6-3和表6-4），非农就业负向影响劳动生产率和土地产出率，说明劳动力的流失的负面效应凸显。与此同时，土地转入正向促进劳动生产率和土地产出率，说明土地规模的扩大有助于这两类生产效率。如果非农就业的影响是稳健的，那么对于农业劳动力相对充足的分样本，非农就业的综合负面效应可能被削弱，影响系数绝对值会减少。

同样的，在整体样本中，土地转入有助于提升劳动土地产出率，那么农业劳动力相对充足，农户则能够转入更多土地以提升劳动生产率和土地产出率，这时土地转入的正面促进效应会变大。事实上，结果正是如此（见表6-5），与基准回归结果相比，在劳动力充足的分样本中，非农就业的负面效应有所减缓，土地转入的正面效应得以扩大。

表6-5　　　　　　　　农业生产率：分样本回归①

变量	劳动力充足样本		农业机械拥有量多样本	
	劳动生产率	土地产出率	劳动生产率	土地产出率
非农就业	-0.550***	-0.627***	-0.610**	-0.488**
	(-3.29)	(-4.01)	(-2.36)	(-2.16)
土地转入	0.202***	0.206***	0.221***	0.232***
	(-3.36)	(-3.65)	(-2.94)	(-3.54)
土地转出	-0.122	-0.007	0.164	0.185
	(-1.00)	(-0.06)	(-0.92)	(-1.20)
其他变量	已控制	已控制	已控制	已控制
样本量	3037	3030	1828	1820

与上述分析类似，农业机械的主要作用在于缓解劳动力不足，劳动力流失的负面效应会降低，此时非农就业对劳动生产率的影响系数绝对值会下降。另一方面，充足的机械有助于扩大种植规模，因而拥有更充足机械的农户可以转入更多土地，这有助于提升土地产出率，此时土地转入的正面促进效应会扩大。对比发现，再次印证上述推断，即拥有更多农业机械的家庭，非农就业的负面效应会相对小，而土地转入的正面效应则会更大（相对整体，对比表6-3、表6-4和表6-5）。

从土地流转视角来看，土地转入依然极为显著，而土地转出依然没有通过显著性水平检验。由于劳动力投入负向影响劳动生产率，但正向促进土地产出率。因而预期劳动力充足的样本，相对整体样本，劳动生产率会相对较低，而土地产出率则相对更高。农业机械对于劳动生产率和土地产出率均有积极促进作用，因而预期，对于农业机械拥有量多的样本，劳动生产率和土地产出率也会相应较高。结果也证实，上述判断得到了印证。

---

① 为节省篇幅，其他变量控制并没有显示出来，如有需要，请向作者索取，下表6-6至表6-8也是如此。

6.5.4 区域差异分析

我国是一个发展中国家，区域发展十分不均衡。考虑到非农就业和农地流转存在明显的地域差异，发达地区的非农就业和农地流转通常较高。为进一步验证非农就业和农地流转对农业生产效率的影响是否存在区域差异，将整体样本区按照地理归属划分为东、中、西三个子样本，并参照表6-3中模型四和表6-4中模型八，再次进行拟合回归（见表6-6）。

表6-6 农业生产率：区域差异分析

变量	东部		中部		西部	
	劳动生产率	土地产出率	劳动生产率	土地产出率	劳动生产率	土地产出率
非农就业	-0.578**	-0.439*	-0.789***	-0.613***	-0.674*	-0.768**
	(-2.33)	(-1.92)	(-2.91)	(-2.62)	(-1.90)	(-2.53)
土地转入	0.095	0.084	0.247***	0.161**	-0.076	0.035
	(-0.94)	(-0.90)	(-2.63)	(-2.10)	(-0.73)	(-0.39)
土地转出	-0.043	0.057	0.206	0.177	-0.323	-0.180
	(-0.28)	(-0.40)	(-1.11)	(-1.11)	(-1.59)	(-1.03)
其他变量	已控制	已控制	已控制	已控制	已控制	已控制
样本量	1349	1345	1144	1143	1403	1397

从拟合结果来看，非农就业的影响是稳健的，无论是东部还是中西部，非农就业均负向影响劳动生产率和土地产出率，这和整体样本是一致的。但在影响力度方面，不同区域仍然有较大差异。就劳动生产率而言，非农就业对中部的负面影响最大，其次是西部地区，对东部地区的影响最小。对土地产出率而言，非农就业对东部地区的负面影响依然最小，对中部的影响其次，对西部地区的影响最大。这可能是因为中部地区和西部地区是农民工的主要输出地，农业劳动力流失量大，且中西部外出务工人员多进入东部发达地区，跨省迁移比例大，导致非农就业劳动力很难兼顾家庭农业生产。东部地区则相反，农户有着较为充足的本地非农就业机会，从而能够更好地兼顾农业生产，这从侧面也印证了王子成（2015）的研究。

土地转入的影响则出现分化，对于东部地区样本和西部地区样本，土地转入对劳动生产率和土地产出率的影响不再显著，说明土地转入对这两个区域的农业生产效率并无关键性影响。而在中部地区，土地转入的影响依然正向促进上述两种生产效率。与此同时，在东部、中部和西部地区，土地转出对非农就业依旧不显著，说明土地转出的影响也是稳健的。

6.6 联立方程模型

在基准回归模型中，我们同时纳入了非农就业、农地转入和农地转出三个关键解释变量。我们的研究发现，非农就业稳健地负向影响劳动生产率和土地产出率，土地转入始终正向促进上述两类农业生产效率，而土地转出的影响始终不显著。但正如我们在前述提及的那样，非农就业是影响农地流转的一个十分关键的因素，而农地流转也会反向影响到非农就业（Feng，2008；Xie and Jiang，2016）。为减缓内生性，本章采用联立方程模型来进行稳健性分析。借鉴既有研究（钟甫宁、纪月清，2009），将方程形式设定如下：

土地转入 = f（非农就业、家庭劳动力数量、家庭成员平均年龄、家庭成员女性比例、家庭承包耕地面积、家庭承包土地价值、家庭拥有农业机械价值、村庄经济发展水平、村庄交通情况、村庄地理地貌）

土地转出 = f（非农就业、家庭劳动力数量、家庭成员平均年龄、家庭成员女性比例、家庭承包耕地面积、家庭承包土地价值、家庭拥有农业机械价值、村庄经济发展水平、村庄交通情况、村庄地理地貌）

非农就业 = f（土地转入、土地转出、家庭劳动力数量、家庭成员平均年龄、家庭成员女性比例、家庭承包耕地面积、家庭总资产价值、家庭承包土地价值、村庄经济发展水平、村庄交通情况、村庄地理地貌）

劳动生产率（或土地产出率） = f（非农就业、土地转入、土地转出、平均每亩土地劳动投入、家庭实际经营土地面积、家庭拥有农业机械价值、户主性别、户主年龄、户主受教育程度、家庭成员平均年龄、家庭成员女性比例、家庭成员平均受教育年限、家庭金融资产总价值、家庭债务总价值、村庄经济发展水平、村庄交通情况、村庄地理地貌、省份虚拟变量）

从回归结果来看（表6-7），非农就业在1%的显著性水平上分别负向和正向地影响土地转入和土地转出，而土地转入和土地转出也分别在10%和1%的显著性水平上负向和正向地影响非农就业。即非农就业会影响到土地流转，土地流转也会影响到非农就业，关键解释变量之间确实存在相互影响证明了使用联立方程的必要性。

从表6-7的第4列来看，非农就业依然显著地负向影响劳动生产率，这说明非农就业的影响十分稳健。但影响系数的绝对值变大，说明基准模型可能低估了非农就业的负面影响。结果显示，当非农就业提升1个百分点时，劳动生产率会下降1.2个百分点。

表 6-7　　　　　　　　劳动生产率联立方程模型

变量	土地转入	土地转出	非农就业	劳动生产率
非农就业	-1.380***	1.715***	—	-1.198***
	(-11.27)	(-5.19)		(-3.97)
土地转入	—	—	-0.512*	0.064
			(-6.20)	(-0.30)
土地转出	—	—	0.021***	-1.941
			(-1.85)	(-1.20)
其他变量	已控制	已控制	已控制	已控制
样本量	3732			

注：为节省篇幅，其他变量控制并没有显示出来，如有需要，请向作者索取。

土地转入虽然影响系数依然为正，但是并没有通过显著性检验。这说明在考虑到内生性问题后，土地转入对劳动生产率没有显著影响。同时，土地转出的影响方向和显著性也未发生变化，即土地转出不影响劳动生产率的结论也十分稳健。因而，总的来说，农地流转不是影响劳动生产率的关键因素，而非农就业才是关键的影响因素。

同样，使用联立方程模型来重新分析非农就业和农地流转对土地产出率的影响。表 6-8 回归结果显示，在土地转入和土地转出方程中，非农就业均通过显著性检验，分别负向影响土地转入和正向影响土地转出。非农就业方程中，土地转入没有通过显著性检验，但土地转出通过了 1% 显著性水平检验，正向促进非农就业。因而，考虑非农就业和农地流转的相互影响是十分必要的。

表 6-8　　　　　　　　土地产出率联立方程模型

变量	土地转入	土地转出	非农就业	土地产出率
非农就业	-1.362***	1.399***	—	-1.280***
	(-11.06)	(-4.25)		(-4.71)
土地转入	—	—	-0.528	1.528***
			(-6.20)	(-7.97)
土地转出	—	—	0.011***	-0.389
			(-0.92)	(-0.27)
其他变量	已控制	已控制	已控制	已控制
样本量	3721			

注：为节省篇幅，其他变量控制并没有显示出来，如有需要，请向作者索取。

表 6-8 列 4 也再次证实，非农就业对土地产出率的影响为负，这与基准模

型并无二致。但影响系数绝对值变大，说明基准模型确实会低估非农就业的影响。同时，土地转入依旧正向显著促进土地产出率，土地转出的影响依旧不显著。上述结果表明，非农就业和土地流转对土地产出率的影响是稳健的。

在联立方程模型中，依然发现下述五个变量始终通过显著性水平检验，从而稳健地影响农户的劳动生产率和土地产出率。这五个变量为劳动力投入强度、家庭实际经营土地面积、农业机械投入、户主受教育程度、家庭金融性资产价值，这与基准模型基本保持一致[①]。

具体而言，劳动力投入强度负向影响劳动生产率，但正向促进土地产出率，这与主流文献保持一致（李谷成等，2009）。中国农户是典型的小农生产者，会通过增加单位土地劳动力投入来提升土地产出率，但这是以牺牲劳动生产率为代价取得的（黄宗智，2000a，2000b）。这似乎与非农就业始终负向影响土地产出率相矛盾。然而，事实并非如此。正如我们在理论分析中所阐述的那样，非农就业并非仅仅通过减少劳动力这一途径来影响土地产出率，而是多途径的，其最终表现为负向影响是综合效应的体现。

家庭实际经营土地面积稳健促进劳动生产率的提升，这与主流文献的结论也保持一致，但土地规模却负向影响土地产出率，即反转关系（inverse relationship）存在（Barrett et al.，2010；Carletto et al.，2013）。从统计描述性分析来看，样本农户平均经营土地面积仅仅为6.68亩，是典型的小农经营，不应该过早进入反转区间（Sen，1962；杨俊、李争，2015）。我们的研究结果也显示，土地转入始终正向促进土地产出率的提升，这似乎是矛盾的。

之所以如此，可能是因为我们是基于农户层面的分析，没有考虑到地块层面因素的影响。由于客观数据限制，我们无法获得地块层面的数据来控制具体土地面积和土壤质量等信息，而这些因素会显著影响到反转关系是否成立（Lamb，2003；Chen et al.，2011）。如王建英等（2015）基于中国江西省农户地块层面的调查数据，通过实证研究证实，农户层面上，土地规模对土地产出率的影响不显著。但在控制土壤质量和面积偏差后，随着地块面积增加，土地产出率也相应增加，并不存在反转关系。范红忠、周启良（2014）对中西部七县（市）农户进行的调查也显示，在地块层面上，土地生产率随着种植面积的增加而增加。因而，缺乏地块层面的数据是本书的一个遗憾，这也是后续研究的一个改进方向。

家庭农业机械投入始终正向显著促进劳动生产率和土地产出率，说明农业机械的推进有助于实现农业效率的提升和保障农业生产安全（Ji et al.，2012；王建英等，2015）。因而，在农业劳动力大量流失和农业劳动力老年化程度趋于加深的背景下，进一步大力发展农业机械化十分有必要。

---

① 为了节省篇幅，这五个变量的回归结果并没有显示出来，如果有需要，请向作者索取。

户主受教育程度显著正向促进劳动生产率和土地产出率，这再次印证了舒尔茨（Schultz，1988）的论断。即实现农业生产的现代化，提升农业生产效率，离不开对农民的教育投资，提高农民素质有助于实现传统农业向现代农业转型，有助于提升农业竞争力。

家庭金融性资产价值正向促进劳动生产率和土地产出率，说明家庭金融流动性财富的作用是积极的。农村金融市场存在着较为严重的信贷配给，农户无法从银行获得贷款或足额贷款是常态（Damon，2010）。收入和信贷约束使得农户常常无法对农业进行充分投资，十分不利于农业生产。家庭金融性资产价值较高，一方面表示农户自身的投资能力较强，另一方面则可以获得更多农业信贷，对满足农业生产资金的季节性要求十分有益，这有助于提升农业生产率。

6.7 本章小结

在理顺非农就业和农地流转对农业生产效率的影响机制基础之上，实证结果表明：（1）非农就业显著负向影响农户的劳动生产率和土地产出率，即非农就业不利于农业生产效率。（2）农地流转对农业生产效率也有影响，但存在一定差异。其中，土地转入正向促进劳动生产率和土地产出率，而土地转出的影响均不显著。（3）分样本显示，非农就业和土地转入的影响是稳健的，只是在影响力度上有所差异，土地转出的影响则依然不显著。（4）区域分析表明，非农就业对劳动生产率和土地产出率的负向影响依旧显著，但对东部地区影响最小，对中西部的影响较大。土地转入对东部和西部的影响不再显著，只影响到中部地区劳动生产率和土地产出率。土地转出对东、中、西三个区域的影响依然不显著。（5）考虑到非农就业和农地流转的相互影响，使用联立方程进行稳健性分析。此时，非农就业依然显著负向影响劳动生产率，土地转入依然正向促进土地产出率，但土地转出不再显著影响劳动生产率，土地转出则始终不影响劳动生产率和土地产出率。

第 7 章 结论与政策启示

在系统回顾相关理论的基础上，本书基于新移民经济学理论（NELM），并应用较新的、具有全国代表性的 CFPS2012 全国大样本数据，考察了转型时期非农就业、农地流转对农户农业生产的影响。相对于以往的一些研究，本书的主要贡献在于拓展了非农就业影响农业生产的作用机制，引入了农地流转这一因素，从而综合考虑了劳动力资源再配置和土地资源再配置对农户家庭农业生产的影响。并且，我们运用多种计量方法，有效地处理了内生性问题，使得研究结论更加可靠。本书重点关注的领域包括以下四个方面：（1）非农就业如何影响农地流转；（2）非农就业、农地流转与农户农业生产性投资变化；（3）非农就业、农地流转与留守人员农业劳动供给变化；（4）非农就业、农地流转与农业生产效率变化。通过对上述问题的理论机理分析与实证分析，本书得到下述结论与政策启示。

7.1 研究结论

本书主要运用 CFPS2012 数据来分析新时期的非农就业、农地流转与农户家庭农业生产变化这一议题。整体而言，本书发现了一些新的现象，并得出了与以往研究颇为不同的结论。具体而言，我们的研究表明：

第一，通过运用多种实证模型，包括代理变量法、Biprobit 模型、工具变量法等，本书发现新时期农户家庭的非农就业能够显著、稳健地促进农地转出，但非农就业并没有对农户家庭土地转入有明显的负面影响。已有的研究多发现，农户家庭非农就业会促进土地转出市场发育，但是不利于土地转入市场发育（Kung，2002；Zhang et al.，2004；黄枫、孙世龙，2015）。但这一结论上升至更加宏观的层面则会出现这一矛盾：由于土地转入和土地转出相互匹配才能够促进农地流转市场的形成（钱忠好、冀县卿，2016），如果非农就业会阻碍农户家庭土地转入，那么可能也会阻碍整体流转市场的发育。我们的研究则证实，这种疑虑是不必要的。非农就业并不会阻碍农户家庭的土地转入行为。

为何非农就业并不会成为农户扩大经营规模的阻碍呢？这一点我们也进行了探索性验证分析，研究结果表明，之所以如此，关键的原因在于农业机械的使用。由于农业机械在农业生产中的广泛应用，即使农村家庭因为非农就业导致了农业劳动力损失，但是农业机械则能够弥补劳动力流失，通过提高留守人员的劳动效率来完成和扩大生产规模（Yang et al., 2013）。

第二，随着农业劳动力结构的变化，在以往的一些研究中，多从定性视角分析农业劳动力的老年化和女性化对农地流转的影响，但并未得出一致结论（杨进、陈志刚，2016）。本书的研究则表明，农业生产中的老年化已经对农地流转产生影响（汪险生、郭忠兴，2014），而女性化对农地流转的负面影响也没有预期的那么严重（李旻、赵连阁，2009）。劳动力老年化对土地转出有正面影响，随着劳动力年龄结构进一步老化，这无疑会进一步释放土地流转供给。但同时，劳动力老年化也显示出对土地转入的负面影响，不利于增加农地流转需求。劳动力的女性化目前尚未对土地转入和转出产生影响，因而无须担心农业女性化会对农地流转市场发育产生不利影响。

第三，农户家庭非农就业显著负向影响农户流动性生产性投资，随着家庭非农就业率的提升，农户会减少对这一类农业生产要素的投入，即使使用代理变量法和工具变量法进行稳健性分析，这一结论仍然成立。因而，这一研究结果表明，非农就业带来的流动力流失效应、收入增加效应、收入结构效应、信贷效应和保险效应的综合效应表现为负，或者说非农就业对这一类投入的负面效应超过了正面效应（Azam and Gubert, 2006）。这一结论与主流研究保持一致，如许庆、章元（2005）、Qin（2010）、王子成、郭沐蓉（2015）等也发现，非农就业对农户流动性生产投入十分不利。但非农就业对流动性生产投资的影响存在区域差异性，在东部和中部地区，非农就业仍然显著负向影响这一类投入。但在西部地区，我们并未发现相同规律。

第四，农户家庭非农就业对农户农业固定生产性投资（主要是农业机械）没有显著影响。已有的一些研究表明，非农就业会减少或者会增加农户对这一类生产要素的投入（Zhao, 2002; Ji et al., 2012），但是本书并未证实这一点。之所以非农就业并不影响这一类要素投入，一方面是因为这一类投入并不与地块相连，是一种长期性投资。在当前中国小农经营规模下，即使出现劳动力流失，农村居民之间季节性帮工以及雇工市场发展能够缓解劳动力缺失效应，农户仍然能够应付农业生产。且生产规模过小时，使得单个农户投资农业机械变得不划算。更为重要的是，当前农村地区正在蓬勃发展的农机社会化服务方兴未艾，很多农业生产环节都实现了机械化，农业生产人员的劳作负担已经大大降低，这种社会化服务对农户购买农业机械也是一种有效替代（纪月清、钟甫宁，2013）。区域性分析表明，在东、中、西三大区域，非农就业均不影响农户农业机械投资。

第五，非农就业是否会通过农地流转这一中介来影响农户生产性投资行为呢？应用中介效应方程，我们对此进行了验证。结果发现，农地转出不是农户流动性生产投资的中介变量，但却是农业机械投资的完全中介变量。农地转入不是流动性生产投资和农业机械投资的中介变量。这一结果表明，对于土地转入户，只有非农就业会直接影响其流动性生产投资和农业机械投资。但对于土地转出户的农业机械投资，不仅非农就业的直接效应存在，而且土地转出的间接效应也会存在。但非农就业并不会通过土地转出来间接影响到农户的流动性生产投资。我们的发现丰富了已有的研究，特别是详细论证了农地流转会如何影响两类农业生产性投资。

第六，非农就业对农户家庭留守人员的农业劳动供给有显著负向影响，随着家庭非农就业率的提升，留守人员的农业劳动参与率和农业劳动供给时间均呈现下降现象（Chang et al., 2011）。在稳健性分析中，我们使用运用工具变量法来解决内生性问题，使用倾向得分匹配法（PSM）来解决样本选择性偏差等问题后，依然证实上述结论是十分可靠的。这一结果表明，在农户家庭层面，非农就业带来的"财富效应"占据了主导地位，"替代效应"则处于次要地位，非农就业减轻了在家务农人员的劳作负担，这无疑提升了留守人员的福利。但由于农业劳动供给减少，传统的精耕细作受到严重挑战，这可能导致农业生产粗放化和副业化。

第七，分样本回归结果表明，非农就业仍然显著地负向影响留守老人、留守妇女的农业劳动供给。家庭成员的非农就业如何影响留守老人和留守妇女的农业劳动供给是一个热点问题（Lokshin and Glinskaya, 2009），特别是在当前农业从业人员老年化程度较深，女性化趋势越来越明显的时代背景下，重新分析这一问题有着很强的现实意义。我们的研究表明，家庭层面的非农就业对于改善留守老人和留守妇女的福利，均具有十分积极的影响。

在新迁移经济学（NELM）框架下，部分成员务工后，家庭整体收入会大幅提升，农业的相对重要性下降，留守老人和留守妇女可以主动减少农业劳动供给而不会影响家庭生计。留守老人和留守妇女也可能被动地减少农业劳动供给。不具有农业生产优势的留守老人和留守妇女之所以坚守在农业，并不在于其为家庭收入做出多大贡献，而是为家庭提供最后的保障（Taylor, 1999）。特别是在中国情景下，非农就业并不稳定，土地仍然是很多农村家庭的社会保障，使得农民不会轻易放弃农业生产和对土地的耕种。但主要劳动力多进入非农产业，农业领域多是老弱妇孺，劳动力缺失较为严重，留守老人和留守妇女囿于体力和健康的限制，只能进行粗放式经营。

此外，分东部、中部和西部的分样本回归表明，非农就业对留守人员农业劳动供给的影响是稳健的，仍然显著地负向影响留守人员的农业劳动供给。但在不同区域，非农就业的影响力度存在差异。非农就业对中部地区留守人员的农业劳动供给的影响最大，西部地区次之，对东部地区的影响最小。

第八，非农就业是否会通过农地流转这一中介来间接影响留守人员的农业劳动供给呢？与农业生产性投入分析相似，通过应用中介效应模型，我们对此进行了验证。结果显示，农地转出为部分中介变量，即非农就业不仅仅通过"财富效应"和"替代效应"来直接影响留守人员的农业劳动供给，而且也会通过农地转出这一中介变量来间接影响劳动供给，但我们并没有发现农地转入在发挥类似作用。因而，我们的研究拓展了非农就业影响留守人员农业劳动供给的理论机制，证实了农地流转在其中发挥的重要作用，这是以往研究所没有考虑的。在本质上，以往的研究只考虑到家庭劳动力资源配置变化会如何影响留守人员的农业劳动（郑黎义，2011），忽视了土地资源配置变动带来的影响。当农户家庭非农就业率较低时，充足的劳动力允许农户转入土地来扩大种植规模，这会增加留守成员的劳动供给。但对于非农就业率较高、劳动力短缺的家庭，农户并不会因为土地转入而增加留守人员的劳动供给。之所以如此，是因为土地转入户更可能增加购置农业机械这一类劳动力替代性的投入，从而使得已有的农业劳动力无须增加劳动供给。

第九，非农就业显著地负向影响农业生产效率，随着家庭非农就业率的提升，农业劳动生产率和土地产出率均会随之下降。我们首先系统梳理非农就业对农业生产效率的影响机制，包括劳动力流失效应、非农收入增加效应、农业相对重要性下降效应、农业种植结构变化效应、劳动力结构效应五个渠道。基准回归结果表明，这五种影响机制的综合效应表现为负，非农就业不利于改善农业生产效率，反而会损害到劳动生产率和土地产出率（马贤磊，2010；杨志海，2015）。

考虑到非农就业和农地流转的内生性影响（Kung，2002；Zhang et al.，2004；Deininger and Jin，2008a），采用联立方程模型进行稳健性分析，依然证实上述结论具有可靠性。在劳动力广泛流失的背景下，研究农业生产效率有着十分重要的现实意义。劳动生产率和土地产出率均随着非农就业率的提升而双双下降，说明家庭非农收入增长是以牺牲农业为代价，造成了农业收入的下降，以及农作物产量的下降。

对劳动力充足分样本、农业机械拥有量多的分样本的验证表明，非农就业的影响是稳健的。分区域分析发现，无论是东部还是中西部，非农就业均负向影响劳动生产率和土地产出率，只是在影响力度上存在区域差异。非农就业对中部的负面影响最大，其次是西部地区，对东部地区影响最小。

第十，农地流转对农业生产效率也有十分重要的影响。农地流转主要通过改变土地细碎化和经营规模来影响农业生产效率（冒佩华等，2015），预期土地转入会增加农业生产效率，土地转出则会降低农业生产效率。在基准模型中，确实发现土地转入正向促进劳动生产率和土地产出率，但土地转出影响并不显著。

对劳动力充足分样本、农业机械拥有量多的分样本回归表明，土地转入的正向促进效应是稳健的，土地转出没有显著性作用的发现也是稳健的。分区域分析表明，土地转入对东部和西部的影响不再显著，只影响到中部地区的劳动生产率和土地产出率。土地转出对东中西三个区域的影响均不显著。

在联合考虑非农就业和农地流转的影响时，需要考虑到内生性，因而使用联立方程模型做进一步的分析（钟甫宁、纪月清，2009）。结果发现，土地转入不再显著影响劳动生产率，但依然正向促进土地产出率。并且，土地转出依然对劳动生产率和土地产出率没有任何显著影响。

整体而言，我们发现在转型时期非农就业对农业生产已经显示出全面的负面影响。在农户家庭层面，随着家庭非农就业率的提升，农户对农业流动性生产资料的投入会逐渐减少，留守在农业的留守人员的劳动供给率和劳动供给时间也随着减少。考虑到非农就业正向促进土地转出，即农户也会减少土地投入。这表明非农就业会减少农户对农业生产的投入。在非农就业减少农业投入的同时，非农就业对劳动生产效率和土地产出效率也有显著负面影响。

从农地流转的中介传导机制来看，由于非农就业只是显著促进农地转出，但对土地转入没有显著影响，因而非农就业应该不可能通过土地转入来间接影响农业生产投入、劳动力投入和农业生产效率。从结果来看，确实如此。我们只发现，非农就业会通过土地转出来负向影响农业机械投入和留守劳动力投入。

7.2 政策启示

基于上述主要结论，可以得出如下几点政策启示：

第一，非农就业对农户的土地转出有积极影响，且非农就业对土地转入没有负面影响。农地流转市场的健康发育取决于农地流转市场供给侧和需求侧是否匹配，已有的研究虽然也证实非农就业会显著促进农户转出市场发育，但发现非农就业不利于农地转入市场发育。因而在整体层面上，非农就业可能并不能够促进农地流转。但本书证实，当前农户家庭的非农就业并不会负向影响到土地转入需求。当前，仍然需要坚定不移地推进农地流转，通过促进农地流转市场的快速发展和发展农业规模经营；仍然需要加快农业劳动力向非农产业转移，来释放土地供给。

另外，之所以会出现非农就业没有阻碍到农户转入土地，关键在于农业机械的广泛应用。农业机械的使用会削弱非农就业导致的劳动力损失效应，有利于提高农业效率。近年来，虽然农业劳动力大量流失，但农业机械的使用逐步普及，农业机械对劳动力的替代作用越来越普遍、越来越重要。农业机械的使用使兼业农户能够克服农业劳动力短缺,保障农业生产。我们在第六章的研究也证实,农业机械能够同时提升土地产出率和劳动生产率。因而,建议进一步扩大农业机械使用范围,增加对土地转入户和规模经营大户的农机补贴,鼓励发展农业机械化服务组织,实现农业生产环节的机械化。

第二,劳动力老年化已经显示出对土地转入市场的负面影响。由于计划生育政策的影响,我国进入了老年化社会速度比较快,并且未来20年,这一进程还将快速深化。由于城乡人口流动,农村人口的老年化又大大快于城市。农业的低效益,使得年轻人不愿意从事农业生产。中国农业劳动力的老年化不可逆转,非农就业虽然能够有效释放土地供给,但是由于老年化不利于土地转入需求,这可能会不利于土地流转市场发育。当前,农地流转仍然以村庄内部流转为主,小农户仍然是土地流转的主体。但在后续,为促进土地转入和转出需求相匹配,需要通过培训新型职业农民和加快发展新型经营主体来拓展农地转入需求,以此来弥补传统农户转入农地需求的不足。

第三,要高度重视非农就业对农户农业生产性要素投入的负面影响,尤其是与地块相连的流动性生产投入。浩浩荡荡的务工潮时至今日方兴未艾,中国的城镇化正在快速推进,在这一历史洪流中,非农就业会如何影响农户的农业生产性投资呢?结果不容乐观,非农就业表现为负向影响农户的流动性生产投入。虽然近年来,国家出台了一系列政策给予农户补贴,但是由于农业生产资料成本的快速上升,补助政策的实际效果并不明显,农民依靠农业实现增收越来越困难。农业投入大但不挣钱的现象十分普遍。尤其是2016年国家开始调整农业支持政策,在"三量齐增"的压力下,粮食收购价格降幅比较大,农业生产正变得越来越不划算。农业对于农民来说关键是收入问题,对于社会和国家而言则是社会稳定和农业安全问题,投入不足必然会影响到中国的农业产业安全,冲击到国家粮食安全。因而,如何激发农户投资农业热情就变得十分关键。我们认为可以从政府和市场两个方面进行尝试:(1)政府方面,改变传统的价格补贴方式,转变为收入补贴,一方面不会扭曲价格机制,另一方面还可以抵消农资成本上升的不利影响。(2)市场方面,对农产品,特别是经济作物,要放开价格,放弃农产品价格必然低的传统思路。不能因为仅仅考虑到市民生活成本上升而人为压低农产品价格,要让农民能够通过农业获得更高收入。

第四,要注意农地流转对农户农业生产投入的影响。以往的研究多忽略农地流转在其中的影响,但本书发现农地流转仍然可以起到至关重要的传导作用。农业生产投入关乎农业的可持续发展和国家粮食安全,随着我国城镇化的推进和国家整体经济实力的增强,农业的重要性不仅没有降低,反而愈发强化。作为基础性产业,农业具有很强的外溢性。当前,为了推进农业规模化经营,提升农业竞争力，各级政府都很热衷于推动农地流转，但其实政府并不清楚农地流转会对农户的农业投资形成产生何种影响。我们的研究表明，农地转出会影响农户农业机械投资，但农地转入不会影响农户的农业生产性投资。虽然如此，在推动农地流转过程中，可未雨绸缪地增加对土地流转户这两类投入的资金和政策支持，减轻其生产负担。

第五，要高度重视非农就业对留守人员农业劳动供给的负面影响。城镇化的快速发展和农村人口大量流失，在为中国经济增长和城市繁荣发展做出巨大贡献的同时，也对农村和农业产生弊端和危害。针对农村人口过度流失，就有学者曾经呼吁过要重视农村劳动力过度流失的负面影响。但是，在劳动力自由流动的时代背景下，我们不可能人为限制或者基于道德劝说去改变这一现象。追求美好生活的劳动者会源源不断来到城市，直至城乡一体化的形成，这是一个漫长的过程。更为可行的办法是，要通过发展劳动力节省型的农业技术与装备以及繁荣农村社会化组织与服务，来缓解甚至是削弱非农就业对农业劳动供给不足的负面影响。通过发展劳动力节约型的技术与装备，以此来提升农业生产效率和减少农业劳动负担。通过繁荣农村社会化服务组织来提供生产环节服务，包括产前产中产后等方面，可以实现农业生产服务的规模经营，从而减少农业生产中对劳动力的需求。

第六，非农就业还会通过农地流转来间接影响留守人员的劳动参与率。结果显示，农地转出是一个部分中介变量，农户会通过规模变化来调整自身劳动供给，这意味着农户会理性地配置自身劳动力资源，使得劳动力最大程度地发挥出经济效益。因而，为了改善农村人口和土地资源的配置效率，最佳的方法仍然是发展农村土地流转市场，使市场发挥在资源配置中的决定性作用。为此，各级地方政府和村委会要继续在外在条件扶持、制度供给和社会服务方面下足功夫，来促进农地流转市场健康发育。但一切出发点都应该以必须保障农户自主意愿为前提，以保障农户农地流转利益为落脚点，不可盲目使用行政强制力，进行运动式的农地流转。

第七，非农就业对农业生产性投入和留守人员农业劳动供给以及农业生产效率的影响还存在区域差异性。第四章发现非农就业对东部和中部地区流动性生产要素投入有负面影响，但在西部并没有发现这一现象。结合第五章和第六章的实证研究，不难发现非农就业对农业劳动供给和农业生产效率的作用均表现为对东部地区影响较小，对中部和西部地区的影响较大。整体而言，在欠发达区域，非农就业对农业的负面影响反而较大。这其中有区域发展层次的原因，也有非农就业异质性的原因。中部和西部农户的非农就业属于跨区域流动居多，农户难以做到兼顾农业生产，而东部地区主要以本地流动为主，农户能够更好地进行兼业经营。当前，中央正在倡导"三个一亿人"战略，其中一个"一亿人"为推动

"一亿中西部人口就近实现城镇化"。如果能够实现这一伟大战略,那么中西部地区的农业生产也会大受裨益。为此,除了中央层面要出台对中西部地区的政策优惠外,两大区域的地方政府要做好承接东部地区产业转移的配套和服务,针对性地出台保障措施,在带动地方非农产业发展的同时,也能够对农业生产产生正的外部性影响。

第八,非农就业不利于农业生产中的劳动生产率和土地产出率,这说明劳动力的流失确实对农业生产造成了负面影响。但这并不意味着要阻止农业劳动力从农业退出,实际上我国农业领域就业人员总量依然巨大,"过密化"仍然存在,农业家庭经营规模依旧偏小。在农业劳动力大量转移至非农产业后,由于农业技术的进步,我国的粮食生产仍然取得了"十二连增",也说明非农就业并不会危害到农业生产整体安全。由于城镇化不可避免,减少农业就业人员是大势所趋,农业技术也会持续进步,因而暂时还不需要过度担心非农就业对农业生产效率的负面影响。需要做的是,不断发展和提升农业技术效率,大力发展农业社会化服务组织,更好地保障农业产业安全和服务农业生产。

第九,整体上,土地转入有利于提升劳动生产率和土地产出率,而土地转出对劳动生产率和土地产出率并没有影响。可见,农地流转对于改善农业生产效率和保障农业生产安全具有正面效应。因而,在农业劳动力大量转移至非农产业的背景下,一方面要继续推动进城人口稳定就业和居住,另一方面要更好地推动与保障农地流转,建设更优良的交易平台,做好规范服务,让外出人口能够安心地将土地流转出去,更好更快实现规模经营。

参 考 文 献

[1] Acosta, P. Labor supply, school attendance, and remittances from international migration: The case of El Salvador. World Bank Policy Research Working Paper, 2006 (3903).

[2] Adams, R. H., & Cuecuecha, A. Remittances, household expenditure and investment in Guatemala. World Development, 2010a, 38 (11), 1626-1641.

[3] Adams, R. H., & Cuecuecha, A. The economic impact of international remittances on poverty and household consumption and investment in Indonesia. World Bank Policy Research Working Paper Series, 2010b.

[4] Ahituv, A., & Kimhi, A. Off-farm work and capital accumulation decisions of farmers over the life-cycle: the role of heterogeneity and state dependence. Journal of Development Economics, 2002, 68 (2), 329-353.

[5] Amuedo-Dorantes, C., & Pozo, S. Remittance receipt and business ownership in the Dominican Republic. World Economy, 2006, 29 (7), 939-956.

[6] Arthi, V., & Fenske, J. Intra-household labor allocation in colonial Nigeria. Explorations in Economic History, 2016 (60), 69-92.

[7] Atamanov, A., & Van den Berg, M. Heterogeneous effects of international migration and remittances on crop income: Evidence from the Kyrgyz Republic. World Development, 2012, 40 (3), 620-630.

[8] Awudu, A. V., & Owusu, R. G. Land tenure differences and investment in land improvement measures: Theoretical and empirical analyses. Journal of Development Economics, 2011, (96), 66-78.

[9] Azam, J. P., & Gubert, F. Those in Kayes: The impact of remittances on their recipients in Africa, DIAL [R]. DT/2002/11, 2002.

[10] Azam, J. P., & Gubert, F. Migrants' remittances and the household in Africa: A review of evidence. Journal of African Economies, 2006, 15 (s2), 426-462.

[11] Bardhan, P., & Udry, C. Development Microeconomics [M]. OUP Oxford, 1999.

[12] Baron, R. M., & Kenny, D. A. The moderator – mediator variable distinction in social psychological research: Conceptual, strategic, and statistical considerations. Journal of Personality and Social Psychology, 1986, 51 (6), 1173.

[13] Barrett, C. B. On price risk and the inverse farm size – productivity relationship. Journal of Development Economics, 1996, 51 (2), 193 – 215.

[14] Barrett, C. B., Bellemare, M. F., & Hou, J. Y. Reconsidering conventional explanations of the inverse productivity – size relationship. World Development, 2010, 38 (1), 88 – 97.

[15] Benjamin, D., & Brandt, L. Property rights, labour markets, and efficiency in a transition economy: The case of rural China. Canadian Journal of Economics/Revue Eanadienne D'économique, 2002, 35 (4), 689 – 716.

[16] Binzel, C., & Assaad, R. Egyptian men working abroad: Labour supply responses by the women left behind. Labor Economics, 2011 (18), S98 – S114.

[17] Bowlus, A. J, & Sicular, T. Moving toward markets?: Labor allocation in rural China. Journal of Development Economics, 2003, 71 (2), 561 – 583.

[18] Bohra – Mishra, P. Labour migration and investments by remaining households in rural Nepal. Journal of Population Research, 2013, 30 (2), 171 – 192.

[19] Brasselle, A. S., Gaspart, F., & Platteau, J. P. Land tenure security and investment incentives: Puzzling evidence from Burkina Faso. Journal of Development Economics, 2002, 67 (2), 373 – 418.

[20] Cai, F., & Wang, M. A counterfactual analysis on unlimited surplus labor in rural China. China & World Economy, 2008, 16 (1), 51 – 65.

[21] Cameron, L. A., & Cobb – Clark, D. A. Old – age support in developing countries: Labor supply, intergenerational transfers and living arrangements. IZA Discussion Paper No. 289; University of Melbourne, Dept. of Econ. Working Paper No. 773.

[22] Cao, K. H., & Birchenall, J. A. Agricultural productivity, structural change, and economic growth in post – reform China. Journal of Development Economics, 2013 (104), 165 – 180.

[23] Carletto, C., Savastano, S., & Zezza, A. Fact or artifact: the impact of measurement errors on the farm size – productivity relationship. Journal of Development Economics, 2013, (103), 254 – 261.

[24] Carter, M. R., & Yao, Y. Local versus global separability in agricultural household models: The factor price equalization effect of land transfer rights. American Journal of Agricultural Economics, 2002, 84 (3), 702 – 715.

［25］Chang, H. , Dong, X. Y. , & Macphail, F. Labor migration and time use patterns of the left - behind children and elderly in rural China. World Development, 2011, 39 (12), 2199 - 2210.

［26］Chang, Y. M. , Huang, B. W. , & Chen, Y. J. Labor supply, income, and welfare of the farm household. Labor Economics, 2012, 19 (3), 427 - 443.

［27］Chavas, J. P. , Petrie, R. , & Roth, M. Farm household production efficiency: Evidence from the Gambia. American Journal of Agricultural Economics, 2005, 87 (1), 160 - 179.

［28］Chernina, E. , Dower, P. C. , & Markevich, A. Property rights, land liquidity, and internal migration. Journal of Development Economics, 2014 (110), 191 - 215.

［29］Chen, J. J. Migration and imperfect monitoring: Implications for intra - household allocation. The American Economic Review, 2006, 96 (2), 227 - 231.

［30］Chen, Z. , Huffman, W. E. , & Rozelle, S. Inverse relationship between productivity and farm size: The case of China. Contemporary Economic Policy, 2011, 29 (4), 580 - 592.

［31］Chen, Z. , Jiang, S. Q. , Lu, M. , & Sato, H. How do heterogeneous social interactions affect the peer effect in rural - urban migration? Empirical evidence from China, 2008. LICOS Discussion Paper No. 224/2008.

［32］Chiodi, V. , Jaimovich, E. , & Montes - Rojas, G. Migration, remittances and capital accumulation: Evidence from rural Mexico. Journal of Development Studies, 2012, 48 (8), 1139 - 1155.

［33］Coase, R. H. The federal communications commission. Journal of Law and Economics, 2013, 56 (4), 879 - 915.

［34］Cox - Edwards, A. , & Rodríguez - Oreggia, E. Remittances and labor force participation in Mexico: An analysis using propensity score matching. World Development, 2009, 37 (5), 1004 - 1014.

［35］Damon, A. L. Agricultural land use and asset accumulation in migrant households: The case of El Salvador. Journal of Development Studies, 2010, 46 (1), 162 - 189.

［36］Davis, J. , Lopez - Carr, D. Migration, remittances and smallholder decision - making: Implications for land use and livelihood change in Central America. Land use policy, 2014 (36), 319 - 329.

［37］De Brauw, A. Are women taking over the farm in China. Paper provided by Department of Economics, Williams College in its series Department of Economics

Working Papers with, 2003.

[38] De Brauw, A. Seasonal migration and agricultural production in Vietnam. Journal of Development Studies, 2010, 46 (1), 114 – 139.

[39] De Brauw, A., Huang, J., Rozelle, S., Zhang, L., & Zhang, Y. The evolution of China's rural labor markets during the reforms. Journal of Comparative Economics, 2002, 30 (2), 329 – 353.

[40] De Brauw, A., Huang, J., & Zhang, L., & Rozelle, S. The feminization of agricultural with Chinese characteristics. China Economic Review, 2012, 19 (2), 320 – 335.

[41] De Brauw, A., Huang, J., & Zhang, L., & Rozelle, S. The feminisation of agriculture with Chinese characteristics. Journal of Development Studies, 2013, 49 (5), 689 – 704.

[42] De Brauw, A., Li, Q., & Liu, C., Rozelle, S., & Zhang, L. Feminization of agriculture in China?: Myths surrounding women's participation in farming. The China Quarterly, 2008 (194), 327 – 348.

[43] De Brauw, A., & Mueller, V. Do limitations in land rights transferability influence low mobility rates in Ethiopia? . Mimeo, 2009.

[44] De Brauw, A., & Mueller, V., & Lee, H. L. The role of rural – urban migration in the structural transformation of Sub – Saharan Africa. World Development, 2014 (63), 33 – 42.

[45] De Brauw, A., & Rozelle, S. Migration and household investment in rural China. China Economic Review, 2008, 19 (2), 320 – 335.

[46] De Brauw, A., & Rozelle, S. Migration and household investment in rural China. China Economic Review, 2008 (19), 320 – 335.

[47] Deininger, K., & Ali, D. A., & Alemu, T. Productivity effects of land rental market operation in Ethiopia: Evidence from a matched tenant – landlord sample. Applied Economics, 2013, 45 (25), 3531 – 3551.

[48] Deininger, K., & Jin, S. The potential of land rental markets in the process of economic development: Evidence from China. Journal of Development Economics, 2005, 78 (1), 241 – 270.

[49] Deininger, K., & Jin, S. Tenure security and land – related investment: Evidence from Ethiopia. European Economic Review, 2006, (50), 1245 – 1277.

[50] Deininger, K., & Jin, S. Securing property rights in transition: Lessons from implementation of China's rural land contracting law. Journal of Economic Behavior & Organization, 2009, 70 (1), 22 – 38.

[51] Deininger, K., & Jin, S. Land sales and rental markets in transition: Evidence from rural Vietnam. Oxford Bulletin of Economics and Statistics, 2008a, 70 (1), 67–101.

[52] Deininger, K., Jin, S., & Nagarajan, H. K. Efficiency and equity impacts of rural land rental restrictions: Evidence from India. European Economic Review, 2008b, 52 (5), 892–918.

[53] Deininger, K., Jin, S., Xia, F., & Huang, J. Moving off the farm: land institutions to facilitate structural transformation and agricultural productivity growth in China. World Development, 2014 (59), 505–520.

[54] De Janvry, A., Emerick, K., Gonzalez-Navarro, M., & Sadoulet, E. Delinking land rights from land use: Certification and migration in Mexico. American Economic Review, 2015, 105 (10), 3125–3149.

[55] Dermendzhieva, Z. Migration, remittances, and labor supply in Albania. Center for Economic Research and Graduate Education, Charles University, Prague, 2009.

[56] Dillon, A., Mueller, V., & Salau, S. Migratory responses to agricultural risk in northern Nigeria. American Journal of Agricultural Economics, 2011, 93 (4), 1048–1061.

[57] Do, Q. T., & Iyer, L. Land titling and rural transition in Vietnam. Economic Development and Cultural Change, 2008, 56 (3), 531–579.

[58] Dong, X. Y. Two-tier land tenure system and sustained economic growth in post-1978 rural China. World Development, 1996, 24 (5), 915–928.

[59] Du, Y., Park, A., & Wang, S. Is migration helping China's poor?. Journal of Comparative Economics, 2005, 33 (4), 688–709.

[60] Fapohunda, E. R., & Todaro, M. P. Family structure, implicit contracts, and the demand for children in Southern Nigeria. Population and Development Review, 1988, 14 (4), 571–594.

[61] Feder, G., Lau, L. J., & Lin, J. Y., & Luo, X. The determinants of farm investment and residential construction in post-reform China. Economic Development and Cultural Change, 1992, 41 (1), 1–26.

[62] Feng, S. Land rental, off-farm employment and technical efficiency of farm households in Jiangxi province, China. NJAS-Wageningen Journal of Life Sciences, 2008, 55 (4), 363–378.

[63] Feng, S., & Heerink, N. Are farm households' land renting and migration decisions inter-related in rural China?. NJAS-Wageningen Journal of Life Sciences,

2008, 55 (4), 345 – 362.

[64] Feng, S, Heerink, N., & Ruben, R., & Qu, F. Land rental market, off – farm employment and agricultural production in southeast China: A plot – level case study. China Economic Review, 2010, 21 (4), 598 – 606.

[65] Fenske, J. Land tenure and investment incentives: Evidence from West Africa. Journal of Development Economics, 2011, 95 (2), 137 – 156.

[66] Funkhouse, E. The effect of emigration on the labor market outcomes of sender household: A longitudinal approach using data from Nicaragua. Well – being and Social Policy, 2006, 2 (2), 5 – 25.

[67] Gartaula, H., Niehof, A., & Visser, L. Shifting perceptions of food security and land in the context of labour out – migration in rural Nepal. Food Security, 2012, 4 (2), 181 – 194.

[68] Gao, L., Huang, J., & Rozelle, S. Rental markets for cultivated land and agricultural investments in China. Agricultural Economics, 2012, 43 (4), 391 – 403.

[69] Geertz, C. Agricultural involution: The process of ecological change in Indonesia. University of California Press, 1963.

[70] Gebremedhin, B., & Swinton, S. M. Investment in soil conservation in northern Ethiopia: The role of land tenure security and public programs. Agricultural Economics, 2003, 29 (1), 69 – 84.

[71] Giles, J. Is life more risky in the open?: Household risk – coping and the opening of China's labor markets. Journal of Development Economics, 2006, 81 (1), 25 – 60.

[72] Giuliano, P., & Ruiz – Arranz, M. Remittances, financial development, and growth. Journal of Development Economics, 2009, 90 (1), 144 – 152.

[73] Gibson, J., McKenzie, D., & Stillman, S. The impacts of international migration on remaining household members. Research Working papers, 2009, 1 (1), 1 – 46.

[74] Goodwin, B. K., & Mishra, A. K. Farming efficiency and the determinants of multiple job holding by farm operators. American Journal of Agricultural Economics, 2004, 86 (3), 722 – 729.

[75] Gray, C. L., & Bilsborrow, R. E. Consequences of out – migration for land use in rural Ecuador. Land use policy, 2014 (36), 182 – 191.

[76] Gröger, A., & Zylberberg, Y. Internal labor migration as a shock – coping strategy: Evidence from a typhoon. American Economic Journal: Applied Economics. 2015, 8 (2), 123 – 153.

[77] Gubert, F. Do migrants insure those who stay behind: Evidence from the

Kayes. Oxford Development Studies, 2002, 30 (3), 267 – 287.

[78] Halliday, T. J. Intra – household labor supply, migration, and subsistence constraints in a risky environment: Evidence from rural El Salvador. European Economic Review, 2012, 56 (6), 1001 – 1019.

[79] Harris, J. R., & Todaro, M. P. Migration, unemployment and development: a two – sector analysis. American Economic Review, 1970, 60 (1), 126 – 142.

[80] Hayes, A. F. Beyond Baron and Kenny: Statistical mediation analysis in the new millennium. Communication Monographs, 2009 (76), 408 – 420.

[81] Hennessy, T., & O'Brien, M. Is off – farm income driving on – farm investment?. Journal of Farm Management, 2008, 13 (4): 235 – 246.

[82] Hiwatari, M. Social networks and migration decisions: The influence of peer effects in rural households in CentralAsia. Journal of Comparative Economics, 2016 (44): 1115 – 1131.

[83] Hoken, H. Development of land rental market and its effect on household farming in rural China: An empirical study in Zhejiang Province. IDE Discussion Paper NO 323, 2012.

[84] Holden, S. T., Deininger, K., & Ghebru, H. Tenure insecurity, gender, low – cost land certification and land rental market participation in Ethiopia. The Journal of Development Studies, 2011, 47 (1), 31 – 47.

[85] Horowitz, J. K., & Lichtenberg, E. Insurance, moral hazard, and chemical use in agriculture. American Journal of Agricultural Economics, 1993, 75 (4), 926 – 935.

[86] Huang, J., Wang, X., & Qui, H. Small – scale farmers in China in the face of modernisation andglobalisation. IIED/HIVOS, London/The Hague, 2012.

[87] Huang, J. K., Wu, Y. H., & Rozelle, S. Moving off the farm and intensifying agricultural production in Shandong: A case study of rural labor market linkages in China. Agricultural Economics, 2009 (40), 203 – 218.

[88] Jacoby, H. G., & Mansuri, G. Land tenancy and non – contractible investment in rural Pakistan. The Review of Economic Studies, 2008, 75 (3), 763 – 788.

[89] Michler, J. D., & Shively, G. E. Land tenure, tenure security and farm efficiency: Panel evidence from the Philippines. Journal of Agricultural Economics, 2015, 66 (1), 155 – 169.

[90] Ji, X., Rozelle, S., & Huang, J., Zhang, L., & Zhang, T. Are China's Farms Growing?. China & World Economy, 2016, 24 (1), 41 – 62.

[91] Ji, Y., Yu, X., & Zhong, F. Machinery investment decision and off – farm

employment in rural China. China Economic Review, 2012, 23 (1), 71 – 80.

[92] Jin, S., &Deininger, K. Land rental markets in the process of rural structural transformation: Productivity and equity impacts from China. Journal of Comparative Economics, 2009, 37 (4), 629 – 646.

[93] Jin, S., & Jayne, T. S. Land rental markets in Kenya: Implications for efficiency, equity, household income, and poverty. Land Economics, 2013, 89 (2), 246 – 271.

[94] Jorgenson, D. W. The development of a dual economy. The Economic Journal, 1961, 71 (282), 309 – 334.

[95] Khandker, S. R., & Pitt, M. M. The impact of group – based credit on poor households: An analysis of panel data from Bangladesh. World Bank, Washington, DC, 2003.

[96] Kimura, S., Otsuka, K., & Sonobe, T., & Rozelle, S. Efficiency of land allocation through tenancy markets: Evidence from China. Economic Development and Cultural Change, 2011, 59 (3), 485 – 510.

[97] Knight, J., Deng, Q., & Li, S. The puzzle of migrant labour shortage and rural labour surplus in China. China Economic Review, 2011, 22 (4), 585 – 600.

[98] Knight, J., & Yueh, L. The role of social capital in the labour market in China. Economics of Transition, 2008, 16 (3), 389 – 414.

[99] Konica, N., &Filer, R. Albanian emigration: Causes and consequences. South Eastern Europe Journal of Economics, 2009, (1), 75 – 98.

[100] Kristensen, S., & Birch – Thomsen, T. Should I stay or should I go?: Rural youth employment in Uganda and Zambia. International Development Planning Review, 2013, 35 (2), 175 – 201.

[101] Kumari, R., & Nakano, Y. Does land lease tenure insecurity cause decreased productivity and investment in the sugar industry?: Evidence from Fiji. Australian Journal of Agricultural and Resource Economics, 2016 (60), 406 – 421.

[102] Kung, J. K. The 'Meitan Puzzle': Origins and outcome of a land tenure system ahead of its time. Working Paper, Social Sciences Division, Hong Kong University of Sciences and Technology, 1999.

[103] Kung, J. K. Common property rights and land reallocations in rural China: Evidence from a village survey. World Development, 2000, 28 (4), 701 – 719.

[104] Kung, J. K. Off – farm labor markets and the emergence of land rental markets in rural China. Journal of Comparative Economics, 2002, 30 (2), 395 – 414.

[105] Kuznets, S. S. Postwar economic growth: Four lectures. Belknap Press,

1964.

[106] Lamb, R. L. Inverse productivity: Land quality, labor markets, and measurement error. Journal of Development Economics, 2003, 71 (1), 71 – 95.

[107] Laitner, J. Structural change and economic growth. The Review of Economic Studies, 2000, 67 (3), 545 – 561.

[108] Latruffe, L. , & Piet, L. Does land fragmentation affect farm performance?: A case study from Brittany, France. Agricultural Systems, 2014 (129), 68 – 80.

[109] Le, V. , Lyne, M. , & Ratna, N. , & Nuthall, P. The rental market for farmland in Vietnam's mountainous north central coast region: Outcomes and constraints. Mountain Research and Development, 2013, 33 (4), 416 – 423.

[110] Lewis, W. A. Economic development with unlimited supply of labor. The Manchester School, 1954 (22), 139 – 191.

[111] Li, G. , Feng, Z. , & You, L. , & Fan, L. Re – examining the inverse relationship between farm size and efficiency: The empirical evidence in China. China Agricultural Economic Review, 2013, 5 (4), 473 – 488.

[112] Li, G. , Rozelle, S. , & Brandt, L. Tenure, land rights and farmer investment incentives in China. Agricultural Economics, 1998 (9), 63 – 71.

[113] Lin, J. Y. Rural reforms and agricultural growth in China. American Economic Review, 1992, 82 (1), 34 – 51.

[114] Lipion, M. The theory of the optimising peasant. The Journal of Development Studies, 1968, 4 (3), 327 – 351.

[115] Lohmar, B. , Zhang, Z. , & Somwaru, A. Land rental market development and agricultural production in China. Publisher not identified, 2001.

[116] Lokshin, M. , & Glinskaya, E. The effect of male migration on employment patterns of women in Nepal. The World Bank Economic Review, 2009: lhp011.

[117] Lucas, Jr. R. E. Life earnings and rural – urban migration. Journal of Political Economy, 2004, 112 (S1), S29 – S59.

[118] Ma, X. , Heerink, N. , & Feng, S. , & Shi, X. Farmland tenure in China: Comparing legal, actual and perceived security. Land Use Policy, 2015, 42: 293 – 306.

[119] Ma, Z. Urban labour – force experience as a determinant of rural occupation change: Evidence from recent urban – rural return migration in China. Environment and Planning, 2001, 33 (2), 237 – 255.

[120] Maharjan, A. , Bauer, S. , & Knerr, B. International migration, remittances and subsistence farming: Evidence from Nepal. International Migration, 2013, 51 (s1), e249 – e263.

[121] Manjunatha, A. V. , Anik, A. R. , & Speelman, S. , & Nuppenau, E. A. Impact of land fragmentation, farm size, land ownership and crop diversity on profit and efficiency of irrigated farms in India. Land Use Policy, 2013 (31), 397 – 405.

[122] Mathenge, M. K. , Smale, M. , & Tschirley, D. Off – farm employment and input intensification among smallholder maize farmers in Kenya. Journal of Agricultural Economics, 2015, 66 (2), 519 – 536.

[123] Md, Rabiul, Islama, Jakob, B. , Madsen, & Paul, A. Raschkyb. Gold and silver mining in the 16th and 17th Centuries, Land titles and agricultural productivity. European Journal of Political Economy, 2015, (39), 150 – 166.

[124] Mendola, M. Migration and technological change in rural households: Complements or substitutes? . Journal of Development Economics, 2008, 85 (1), 150 – 175.

[125] Mezger, K. C. , & Beauchemin, C. The Role of international migration experience for investment at home: Direct, indirect, and equalising effects in Senegal. Population, Space and Place, 2015, 21 (6), 535 – 552.

[126] Mines, R. , & De, Janvry, A. Migration to the United States and Mexican rural development: A case study. American Journal of Agricultural Economics, 1982, 64 (3), 444 – 454.

[127] Moran – Taylor, M. J, & Taylor, M. J. Land and leña: Linking transnational migration, natural resources, and the environment in Guatemala. Population and Environment, 2010, 32 (2 – 3), 198 – 215.

[128] Morera, M. C. , & Gladwin, C. H. Does off – farm work discourage soil conservation? : Incentives and disincentives throughout two Honduran hillside communities. Human Ecology, 2006, 34 (3), 355 – 378.

[129] Morten, M. Temporary migration and endogenous risk sharing in village India. National Bureau of Economic Research, 2016.

[130] Mu, R. , & Van deWalle, D. Left behind to farm? : Women's labor re – allocation in rural China. Labor Economics, 2011 (18), S83 – S97.

[131] Mullan, K. , Grosjean, P. , & Kontoleon, A. , Land tenure arrangements and rural – urban migration in China. World Development. 2011, 39 (1), 123 – 133.

[132] Nichols, A. Causal inference for binary regression with observational data. //CHI11Stata Conference. Stata Users Group, 2011 (6) .

[133] Ning, M. , Gong, J. , Zheng, X. , & Zhuang, J. Does new rural pension scheme decrease elderly labor supply? : Evidence from CHARLS. China Economic Review, 2016.

[134] North, D. C. A transaction cost theory of politics. Journal of theoretical pol-

itics, 1990, 2 (4), 355 - 367.

[135] Oizumi, K., Kajiwara, H., & Aratame, N. Facing up to the problem of population aging in developing countries. JICA, December, 2006.

[136] Osili, U. O. Migrants and housing investments: Theory and evidence from Nigeria. Economic Development and Cultural Change, 2004, 52 (4), 821 - 849.

[137] Popkin, S. L. The Rational Peasant: The Political Economy of Rural Society in Vietnam. University of California Press, 1979.

[138] Qin, H. Rural - to - urban labor migration, household livelihoods, and the rural environment in Chongqing municipality, southwest China. Human Ecology, 2010, 38 (5), 675 - 690.

[139] Quisumbing, A., & McNiven, S. Moving forward, looking back: The impact of migration and remittances on assets, consumption, and credit constraints in the rural Philippines. The Journal of Development Studies, 2010, 46 (1), 91 - 113.

[140] Randazzo, T., & Piracha, M. Remittances and household expenditure behaviour in Senegal. IZA Discussion Paper No. 8106, 2014.

[141] Ranis, G., & Fei, J. C. H. A theory of economic development. American Economic Review, 1961, 51 (4), 533 - 565.

[142] Rapoport, H., & Docquier, F. The economics of migrants' remittances. Handbook of the Economics of Giving, Altruism and Reciprocity, 2006 (2), 1135 - 1198.

[143] Ravenstein, E. G. The laws of migration. Journal of the Statistical Society of London, 1885, 48 (2), 167 - 235.

[144] Reardon, T., Crawford, E., & Kelly, V. Links between nonfarm income and farm investment in African households: Adding the capital market perspective. American Journal of Agricultural Economics, 1994, 76 (5), 1172 - 1176.

[145] Rodriguez, E. R., & Tiongson, E. R. Temporary migration overseas and household labor supply: Evidence from urban Philippines. International Migration Review, 2001, 35 (3), 708 - 725.

[146] Rosenbaum, P., & Rubin, D. The central role of the propensity score in observational studies for causal effects. Biometrika, 1983, 70 (1), 41 - 55.

[147] Rozelle, S. Migration and household investment in rural China. China Economic Review, 2008, 19 (2), 320 - 335.

[148] Rozelle, S., Taylor, J. E., & De Brauw, A. Migration, remittances, and productivity in China. American Economic Review, 1999, 89 (2), 287 - 291.

[149] Sana, M., & Massey, D. S. Household composition, family migration,

and community context: Migrant remittances in four countries. Social Science Quarterly, 2005, 86 (2), 509 – 528.

[150] Schultz, T. W. Transforming traditional agriculture. New Haven: Yale University Press, 1965.

[151] Schultz, T. W. Education investments and returns. Handbook of Development Economics, 1988 (1), 543 – 630.

[152] Sen, A. K. An aspect of Indian agriculture. Economic Weekly, 1962, 14 (4 – 6), 243 – 246.

[153] Sen, A. K. Peasants and dualism with or without surplus labor. The Journal of Political Economy, 1966 (5), 425 – 450.

[154] Sen, A. Employment, Technology and Development [M]. Oxford: Clarendon Press, 1975.

[155] Shuhao, T. A. N., Heerink, N., & Kruseman, G., & Futian, Q. U. Do fragmented landholdings have higher production costs?: Evidence from rice farmers in northeastern Jiangxi province, PR China. China Economic Review, 2008, 19 (3): 347 – 358.

[156] Smith, R. E. Land tenure, fixed investment, and farm productivity: Evidence from Zambia's Southern Province. World Development, 2004, 32 (10), 1641 – 1661.

[157] Sobel, M. E. Asymptotic confidence intervals for indirect effects in structural equation models. Sociological Methodology, 1982, 13 (5), 290 – 312.

[158] Stark, O. Migration in less development countries: Risk, remittances and family. Finance and Development, 1991a, 28 (4), 431 – 452.

[159] Stark, O. The Migration of Labor [M]. Cambridge, MA: Basil Blackwell, 1991.

[160] Stark, O., & Bloom, D. E. The new economics of labor migration. American Economic Review, 1985, 75 (2), 173 – 178.

[161] Stillman, S., McKenzie, D., & Gibson, J. Migration and mental health: Evidence from a natural experiment. Journal of Health Economics, 2009, 28 (3), 677 – 687.

[162] Stloukal, L. Rural population ageing in poorer countries: Possible implications for rural development. 2001, 7 (2), 309 – 317.

[163] Stock, J. H., & Yogo, M. Testing for weak instruments in linear IV regression. Identification and inference for econometric models: Essays in honor of Thomas Rothenberg, 2005.

[164] Sudha, N. The productivity of agricultural credit in India. Agricultural Economics, 2016 (47), 1 – 11.

[165] Sun, L., Chang, J., & Liu, Y., & Yang, Z. The urban – rural disparities of the elderly labor supply and income in China. Procedia Engineering, 2011 (15), 5274 – 5278.

[166] Tan, S., Heerink, N., & Qu, F. Land fragmentation and its driving forces in China. Land Use Policy, 2006, 23 (3), 272 – 285.

[167] Taylor, E. J. The new economics of labour migration and the role of remittances in the migration process. International Migration, 1999, 37 (1), 63 – 88.

[168] Taylor, J. E., & López – Feldman, A. Does migration make rural households more productive?: Evidence from Mexico. The Journal of Development Studies, 2010, 46 (1), 68 – 90.

[169] Taylor, J. E, & Martin, P. L. Human capital: Migration and rural population change. Handbook of Agricultural Economics, 2001, (1), 457 – 511.

[170] Taylor, J. E., Rozelle, S., & DeBrauw, A. Migration and incomes in source communities: A new economics of migration perspective from China. Economic Development and Cultural Change, 2003, 52 (1), 75 – 101.

[171] Taylor, J. E, & Wyatt, T. J. The shadow value of migrant remittances, income and inequality in a household farm economy. The Journal of Development Studies, 1996, 32 (6), 899 – 912.

[172] Todaro, M. P. A model of labor migration and urban unemployment in less developed countries. American Economic Review, 1969, 59 (1), 138 – 148.

[173] Todaro, M. P. Economic Development in the Third World. Ngman Inc., London, 1985.

[174] Tsai, K. S. Imperfect substitutes: The local political economy of informal finance and microfinance in rural China and India. World Development, 2004, 32 (9), 1487 – 1507.

[175] Valsecchi, M. Land property rights and international migration: Evidence from Mexico. Journal of Development Economics, 2014 (110), 276 – 290.

[176] VanWey, L. K, Guedes, G. R., & D'Antona, Á. O. Out – migration and land – use change in agricultural frontiers: Insights from Altamira settlement project. Population and Environment, 2012, 34 (1), 44 – 68.

[177] Vellore, A., & Fenske, J. Intra – household labor allocation in colonial Nigeria. Explorations in Economic History, 2016, (60), 69 – 92.

[178] Vranken, L., & Swinnen, J. Land rental markets in transition: Theory

and evidence from Hungary. World Development, 2006, 34 (3), 481 – 500.

[179] Wang, C., Rada, N., & Qin, L., & Pan, S. Impacts of migration on household production choices: Evidence from China. Journal of Development Studies, 2014, 50 (3), 413 – 425.

[180] Wang, Q. Male migration and female labor market attachment: New evidence from the Mexican family life survey. International Migration Review, 2016b, forthcoming.

[181] Wang, X. Different roles of land in rural – urban migration: Evidence from China's household survey. China & World Economy, 2013, 21 (1), 107 – 126.

[182] Wang, X. B., Herzfeld, T., & Glauben, T. Labor allocation in transition: Evidence from Chinese rural households. China Economic Review, 2007, 18 (3), 287 – 308.

[183] Wang, X., Yamauchi, F., & Huang, J. Rising wages, mechanization, and the substitution between capital and labor: Evidence from small scale farm system in China. Agricultural Economics, 2016a, 47 (3), 309 – 317.

[184] Willmore, L., Cao, G. Y., & Xin, L. J. Determinants of off – farm work and temporary migration in China. Population and Environment, 2012, 33 (2 – 3), 161 – 185.

[185] Woodruff, C., & Zenteno, R. Migration networks and micro – enterprises in Mexico. Journal of Development Economics, 2007, 82 (2), 509 – 528.

[186] Wouterse, F., & Taylor, J. E. Migration and income diversification: Evidence from Burkina Faso. World Development, 2008, 36 (4), 625 – 640.

[187] Wouterse, F. Migration and technical efficiency in cereal production: Evidence from BurkinaFaso. Agricultural Economics, 2010, 41 (5), 385 – 395.

[188] Wu, J. J., & Adams, R. M. Production risks, acreage decisions, and implications for revenue insurance programs//risk management and the environment: Agriculture in perspective. Springer Netherlands, 2003, 161 – 180.

[189] Wu, H. X., & Meng, X. Do Chinese farmers reinvest in grain production? . China Economic Review, 1996, 7 (2), 123 – 134.

[190] Xie, Y. Evidence – based research on China: A historical imperative. Chinese Sociological Review, 2011, 44 (1), 14 – 25.

[191] Xie, Y., & Jiang, Q. Land arrangements for rural – urban migrant workers in China: Findings from Jiangsu Province. Land Use Policy, 2016 (50), 262 – 267.

[192] Yan, X., Bauer, S., & Huo, X. Farm size, land reallocation, and labor migration in rural China. Population, Space and Place, 2014, 20 (4), 303 – 315.

[193] Yang, D. T. China's land arrangements and rural labor mobility. China Economic Review, 1997, 8 (2), 101-115.

[194] Yang, D. International migration, remittances and household investment: Evidence from Philippine migrants' exchange rate shocks. The Economic Journal, 2008, 118 (528), 591-630.

[195] Yang, J., Huang, Z., & Zhang, X., & Reardon, T. The rapid rise of cross-regional agricultural mechanization services in China. American Journal of Agricultural Economics, 2013, 95 (5), 1245-1251.

[196] Yang, J., Wang, H., & Jin, S., & Peng, C. Migration, local off-farm employment, and agricultural production efficiency: Evidence from China. Journal of Productivity Analysis, 2016, 45 (3), 247-259.

[197] Yao, Y. The development of the land lease market in rural China. Land Economics, 2000, 76 (2), 252-266.

[198] Yu, B., Liu, F., & You, L. Dynamic agricultural supply response under economic transformation: a case study of Henan, China. American Journal of Agricultural Economics, 2012, 94 (2), 370-376.

[199] Zhang, Q. F. Retreat from equality or advance towards efficiency?: Land markets and inequality in rural Zhejiang. The China Quarterly, 2008 (195), 535-557.

[200] Zhang, Q. F, Qing, M., & Xu, X. Development of land rental markets in rural Zhejiang: Growth of off-farm jobs and institution building. The China Quarterly, 2004 (180), 1031-1049.

[201] Zhang, X., Yang, J., & Wang, S. China has reached the Lewis turning point. China Economic Review, 2011, 22 (4), 542-554.

[202] Zhao, Y. Causes and consequences of return migration: Recent evidence from China. Journal of Comparative Economics, 2002, 30 (2), 376-394.

[203] Zhao, Y. H. The role of migrant networks in labor migration: The case of China. CCER Working Paper, Peking University, 2001.

[204] Zhu, Y., Wu, Z., Peng, L., & Sheng, L. Where did all the remittances go?: Understanding the impact of remittances on consumption patterns in rural China. Applied Economics, 2014, 46 (12), 1312-1322.

[205] 巴泽尔. 产权的经济分析. 上海: 上海三联书店, 2002.

[206] 白南生, 李靖, 陈晨. 子女外出务工、转移收入与农村老人农业劳动供给——基于安徽省劳动力输出集中地三个村的研究. 中国农村经济, 2007 (10), 46-52.

[207] 蔡昉. 人口转变、人口红利与刘易斯转折点. 经济研究, 2010a (4), 4-13.

参考文献

[208] 蔡昉. 刘易斯转折点与公共政策方向的转变——关于中国社会保护的若干特征性事实. 中国社会科学, 2010b (6), 125-137+223.

[209] 蔡基宏. 关于农地规模与兼业程度对土地产出率影响争议的一个解答——基于农户模型的讨论. 数量经济技术经济研究, 2005 (3), 28-37.

[201] 陈飞, 翟伟娟. 农户行为视角下农地流转诱因及其福利效应研究. 经济研究, 2015 (10), 163-177.

[202] 陈风波, 丁士军. 农村劳动力非农化与种植模式变迁——以江汉平原稻农水稻种植为例. 南方经济, 2006 (09), 43-52.

[203] 陈海磊, 史清华, 顾海英. 农户土地流转是有效率的吗?——以山西为例. 中国农村经济, 2014 (7), 61-71+96.

[204] 陈姝洁, 马贤磊, 陆凤平, 蓝菁, 石晓平. 中介组织作用对农户农地流转决策的影响——基于经济发达地区的实证研究. 中国土地科学, 2015 (11), 48-55.

[205] 陈铁, 孟令杰. 土地调整、地权稳定性与农户长期投资——基于江苏省调查数据的实证分析. 农业经济问题, 2007 (10), 4-11.

[206] 陈园园, 安详生, 凌日萍. 土地流转对农民生产效率的影响分析——以晋西北地区为例. 干旱区资源与环境, 2015 (3), 45-49.

[207] 陈志刚, 曲福田, 王青, 黄贤金. 农地承包权配置对土地利用的影响——来自苏赣农村的经验. 农业技术经济, 2007 (5), 66-74.

[208] 程令国, 张晔, 刘志彪. 农地确权促进了中国农村土地的流转吗? 管理世界, 2016 (1), 88-98.

[209] 程名望. 中国农村劳动力转移: 机理、动因与障碍. 博士学位论文, 上海交通大学, 2007.

[210] 程名望, 潘烜. 中国农村劳动力转移的历史回顾与特点分析. 社会科学战线, 2008 (3), 88-94.

[211] 大卫·李嘉图. 政治经济学及赋税原理. 北京: 商务印书馆, 1982.

[212] 道格拉斯·诺斯, 罗伯斯·托马斯. 西方世界的兴起. 北京: 华夏出版社, 2009.

[213] 道格拉斯·诺斯. 理解经济变迁过程. 北京: 中国人民大学出版社, 2013.

[214] 杜鑫, 杜志雄. 劳动力转移、土地租赁对农户生产收入的影响述评. 学术界, 2015 (5), 49-59.

[215] 杜鹏, 丁志宏, 李全棉, 桂江. 农村子女外出务工对留守老人的影响. 人口研究, 2004 (6), 44-52.

[216] 杜润生. 杜润生自述: 中国农村体制变革重大决策纪实. 北京: 人民

出版社, 2005.

[217] 樊帆. 土地流转与农业生产结构调整关系研究. 农业技术经济, 2009 (4), 70-73.

[218] 范红忠, 周启良. 农户土地种植面积与土地生产率的关系——基于中西部七县（市）农户的调查数据. 中国人口·资源与环境, 2014 (12), 38-45.

[219] 范毅. 农村土地制度对人口迁移的影响研究. 北京: 经济科学出版社, 2014.

[220] 方鸿. 非农就业对农户农业生产性投资的影响. 云南财经大学学报, 2013 (1), 77-83.

[221] 冯旭芳. 贫困农户借贷特征及其影响因素分析——以世界银行某贫困项目监测区为例. 中国农村观察, 2007 (3), 51-57+80-81.

[222] 弗农·拉坦. 农业发展的国际分析. 北京: 中国社会科学出版社, 2000.

[223] 盖庆恩, 朱喜, 史清华. 劳动力转移对中国农业生产的影响. 经济学（季刊）, 2014 (3), 1147-1170.

[224] 郭继强. "内卷化"概念新理解. 社会学研究, 2007 (3), 194-208.

[225] 黄枫, 孙世龙. 让市场配置农地资源: 劳动力转移与农地使用权市场发育. 管理世界, 2015 (7), 71-81.

[226] 黄宗智. 华北小农经济与社会变迁. 北京: 中华书局, 2000a.

[227] 黄宗智. 长江三角洲小农经济与乡村发展. 北京: 中华书局, 2000b.

[228] 黄宗智. 发展还是内卷? 十八世纪英国与中国——评彭慕兰《大分岔: 欧洲, 中国及现代世界经济的发展》. 历史研究, 2002 (4), 149-176.

[229] 黄宗智. 制度化了的"半工半耕"过密型农业（上）. 读书, 2006 (2), 30-37.

[230] 黄宗智. 中国经济是怎样如此快速发展的?——五种巧合的交汇. 开放时代, 2015 (3), 100-124+7-8.

[231] 黄宗智, 彭玉生. 三大历史性变迁的交汇与中国小规模农业的前景. 中国社会科学, 2007 (4), 74-88.

[232] 胡新艳, 罗必良. 新一轮农地确权与促进流转: 粤赣证据. 改革, 2016 (4), 85-94.

[233] 黄季焜, 邬亮亮, 冀县卿, 罗斯高. 中国的农地制度、农地流转和农地投资. 上海: 格致出版社, 2012.

[234] 黄季焜, 冀县卿. 农地使用权确权与农户对农地的长期投资. 管理世界, 2012 (9), 76-81.

[235] 黄祖辉, 刘西川, 程恩江. 贫困地区农户正规信贷市场低参与程度的经验解释. 经济研究, 2009 (4), 116-128.

[236] 黄祖辉,王建英,陈志钢.非农就业、土地流转与土地细碎化对稻农技术效率的影响.中国农村经济,2014(11),4-16.

[237] 何欣,蒋涛,郭良燕,甘犁.中国农地流转市场的发展与农户流转农地行为研究——基于2013~2015年29省的农户调查数据.管理世界,2016(6),13-23.

[238] 洪名勇,龚丽娟.培育新的需求主体、促进农地流转.农业经济,2016(2),18-20.

[239] 洪名勇,钱龙.欠发达地区农民工留城倾向的影响因素分析.西北农林科技大学学报(社会科学版),2015(2),56-61+68.

[240] 贺雪峰.关于"中国式小农经济"的几点认识.南京农业大学学报(社会科学版),2013(6),1-6.

[241] 贺振华.农村土地流转的效率:现实与理论.上海经济研究,2003(3),11-17.

[242] 冀县卿,黄季焜.改革三十年农地使用权演变:国家政策与实际执行的对比分析.农业经济问题,2013(5),27-32.

[243] 纪月清,钟甫宁.非农就业与农户农机服务利用.南京农业大学学报(社会科学版),2013(5),47-52.

[244] 江淑斌,苏群.农村劳动力非农就业与土地流转——基于动力视角的研究.经济经纬,2012(2),110-114.

[245] 金松青,Klaus Deininger.中国农村土地租赁市场的发展及其在土地使用公平性和效率性上的含义.经济学(季刊),2004(3),1003-1028.

[246] 卡尔·波兰尼.大转型:我们时代的政治与经济起源.杭州:浙江人民出版社,2007.

[247] 康喜平,胡金荣,柯淑娥.完善土地使用权流转机制发展农业适度规模经营.理论导刊,2005(1),44-45.

[248] 克劳斯·丹宁格.促进增长与缓减贫困的土地政策.北京:中国人民大学出版社,2007.

[249] 匡远配,唐文婷,刘志雄.农地流转中资本增密及其风险分析.管理世界,2016(5),180-181.

[250] 冷智花,付畅俭,许先普.家庭收入结构、收入差距与土地流转——基于中国家庭追踪调查(CFPS)数据的微观分析.经济评论,2015(5),111-128.

[251] 李宾,马九杰.劳动力转移、农业生产经营组织创新与城乡收入变化影响研究.中国软科学,2014(7),60-76.

[252] 李德洗.非农就业对农业生产的影响.博士学位论文,浙江大学,2014.

[253] 李谷成,冯中朝,范丽霞.小农户真的更加具有效率吗?来自湖北省

的经验证据. 经济学（季刊）, 2010 (1), 95-124.

[254] 李静. 中国永佃制制度演化研究（960-1949）. 博士学位论文, 辽宁大学, 2013.

[255] 李旻, 赵连阁. 农业劳动力"女性化"现象及其对农业生产的影响——基于辽宁省的实证分析. 中国农村经济, 2009 (5), 61-69.

[256] 李丽华. 劳动力转移与农业兼业对欠发达地区农业系统的影响. 博士学位论文, 兰州大学, 2012.

[257] 李明艳. 农村劳动力转移对农地利用效率的影响研究. 博士学位论文, 南京农业大学, 2009.

[258] 李明艳, 陈利根, 石晓平. 非农就业与农户土地利用行为实证分析：配置效应、兼业效应与投资效应——基于2005年江西省农户调研数据. 农业技术经济, 2010 (3), 41-51.

[259] 李琴, 孙良媛. 家庭成员外出务工对农村老年人劳动供给的影响——基于"替代效应"和"收入效应". 学术研究, 2011 (4), 85-89.

[260] 李琴, 宋月萍. 劳动力流动对农村老年人农业劳动时间的影响以及地区差异. 中国农村经济, 2009 (5), 52-60.

[261] 李庆海, 李锐, 王兆华. 农户土地租赁行为及其福利效果 [J]. 经济学（季刊）, 2012, 01: 269-288.

[262] 李淑妍. 农民工市民化视角下的农村土地流转问题研究. 博士学位论文, 辽宁大学, 2013.

[263] 李远芳, 卢锋, Kyle P. Chauvin, 陈思丞. 刘易斯农业零值劳动假说的"自然实验"检验——来自印度大流感与中国大跃进的证据. 北京大学中国经济研究中心讨论稿, No. C2012001.

[264] 廖洪乐. 农户兼业及其对农地承包经营权流转的影响. 管理世界, 2012 (5), 62-70+87+187-188.

[265] 林本喜, 邓衡山. 农业劳动力老龄化对土地利用效率影响的实证分析——基于浙江省农村固定观察点数据. 中国农村经济, 2012 (4), 15-25.

[266] 林建浩, 吴冰燕, 李仲达. 家庭融资中的有效社会网络：朋友圈还是宗族？金融研究, 2016 (1), 130-144.

[267] 林善浪, 王健, 张锋. 劳动力转移行为对土地流转意愿影响的实证研究. 中国土地科学, 2010 (2), 19-23.

[268] 林毅夫. 制度、技术与中国农业发展. 上海：格致出版社. 上海三联书店. 上海人民出版社, 2011.

[269] 林毅夫. 再论制度、技术与中国农业发展. 北京：北京大学出版社, 2000.

[270] 刘承芳, 张林秀, 樊胜根. 农户农业生产性投资影响因素研究——对

江苏省六个县市的实证分析. 中国农村观察, 2002 (4), 34–42.

[271] 刘芬华. 是何因素阻碍了中国农地流转——基于调研结果及相关观点的解析. 经济学家, 2011 (2), 83–92.

[272] 刘国恩, William H. Dow, 傅正泓, John Akin. 中国的健康人力资本与收入增长. 经济学（季刊）, 2004 (4), 101–118.

[273] 刘妮娜, 孙裴佩. 我国农业劳动力老龄化现状、原因及地区差异研究. 老龄科学研究, 2015 (10), 21–28.

[274] 刘荣茂、马林靖. 农户农业生产性投资行为的影响因素分析——以南京市五县区为例的实证研究. 农业经济问题, 2006 (12), 22–26.

[275] 刘涛, 曲福田, 金晶, 石晓平. 土地细碎化、土地流转对农户土地利用效率的影响. 资源科学, 2008, (10) 1511–1516.

[276] 刘西川, 杨奇明, 陈立辉. 农户信贷市场的正规部门与非正规部门：替代还是互补？. 经济研究, 2014 (11), 145–158.

[277] 卢华, 胡浩. 土地细碎化增加农业生产成本了吗？——来自江苏省的微观调查. 经济评论, 2015 (5), 129–140.

[278] 卢海阳, 钱文荣. 子女外出务工对农村留守老人生活的影响研究. 农业经济问题, 2014 (6), 24–32.

[279] 罗必良, 郑燕丽. 农户的行为能力与农地流转——基于广东农户问卷的实证分析. 学术研究, 2012 (7), 64–70.

[280] 马克思、恩格斯选集：第4卷. 北京：人民出版社, 1995.

[281] 马克思. 资本论第3卷. 北京：人民出版社, 2004

[282] 马良灿. 理性小农抑或生存小农——实体小农学派对形式小农学派的批判与反思. 社会科学战线, 2014 (4), 165–172.

[283] 马贤磊. 农地产权安全性对农业绩效影响：投资激励效应和资源配置效应. 南京农业大学学报（社会科学版）, 2010 (4), 72–79.

[284] 马瑞, 柳海燕, 徐志刚. 农地流转滞缓：经济激励不足还是外部市场条件约束？. 中国农村经济, 2011 (11), 36–48.

[285] 马忠东, 张为民, 梁在, 崔红艳. 劳动力流动：中国农村收入增长的新因素. 人口研究, 2004 (3), 2–10.

[286] 麦尔旦·吐尔孙, 杨志海, 王雅鹏. 农村劳动力老龄化对种植业生产技术效率的影响. 华东经济管理, 2015 (7), 77–84.

[287] Michael Carter, 姚洋. 工业化、土地市场与农业投资. 经济学（季刊）, 2004, 3 (4), 983–1002.

[288] 冒佩华, 徐骥. 农地制度、土地经营权流转与农民收入增长. 管理世界, 2015, (5), 63–74.

[289] 冒佩华, 徐骥, 贺小丹, 周亚虹. 农地经营权流转与农民劳动生产率提高：理论与实证. 经济研究, 2015 (11), 161-176.

[290] 倪国华, 蔡昉. 农户究竟需要多大的农地经营规模？——农地经营规模决策图谱研究. 经济研究, 2015 (3), 159-171.

[291] 庞丽华, Scott Rozelle, Alan De Brauw. 中国农村老人的劳动供给研究. 经济学（季刊）, 2003 (2), 721-730.

[292] 恰亚诺夫. 萧正洪译. 农民经济组织. 北京：中央编译出版社, 1996.

[293] 钱龙, 洪名勇. 非农就业、土地流转与农业生产效率变化——基于CFPS的实证分析. 中国农村经济, 2016 (12), 2-16.

[294] 钱龙, 洪名勇. 农地产权是"有意的制度模糊"吗——兼论土地确权的路径选择. 经济学家, 2015 (8), 24-29.

[295] 钱龙, 洪名勇, 龚丽娟, 钱泽森. 差序格局、利益取向与农户土地流转契约选择. 中国人口·资源与环境, 2015b (12), 95-104

[296] 钱龙, 钱文荣. "城镇亲近度"、留城定居意愿与新生代农民工城市融入. 财贸研究, 2015 (6), 13-21.

[297] 钱龙, 钱文荣, 陈方丽. 农户分化、产权预期与宅基地流转——温州试验区的调查与实证. 中国土地科学, 2015a (9), 19-26.

[298] 钱龙, 钱文荣, 洪名勇. 就近务工提升了农民工城镇化意愿吗——基于贵阳市的调查. 农业现代化研究, 2016b (1), 102-109.

[299] 钱龙, 钱文荣, 郑思宁. 市民化能力、法律认知与农村宅基地流转——基于温州试验区的调查与实证. 农业经济问题, 2016a (5), 59-68.

[300] 钱文荣, 郑黎义. 劳动力外出务工对农户水稻生产的影响. 中国人口科学, 2010 (5), 58-65.

[301] 钱忠好. 农村土地承包经营权产权残缺与市场流转困境：理论与政策分析. 管理世界, 2002 (6), 35-45.

[302] 钱忠好. 非农就业是否必然导致农地流转——基于家庭内部分工的理论分析及其对中国农户兼业化的解释. 中国农村经济, 2008 (10), 13-21.

[303] 钱忠好, 冀县卿. 中国农地流转现状及其政策改进——基于江苏、广西、湖北、黑龙江四省（区）调查数据的分析. 管理世界, 2016 (2), 71-81.

[304] 屈艳芳, 郭敏. 农户投资行为实证研究. 上海经济研究, 2002 (4), 17-27.

[305] 任晓娜. 当前农村土地流转的基本特征和政策建议——基于19个省市4719份农户的问卷调查. 农业经济, 2016 (3), 98-100.

[306] 阮荣平, 郑风田, 刘力. 宗教信仰与社会冲突：根源还是工具？. 经济学（季刊）, 2014 (2), 793-816.

[307] 石智雷, 杨云彦. 外出务工对农村劳动力能力发展的影响及政策含义. 管理世界, 2011 (12), 40-54.

[308] 史常亮, 李赟, 朱俊峰. 劳动力转移、化肥过度使用与面源污染. 中国农业大学学报, 2016 (5), 169-180.

[309] 史清华. 农户经济可持续发展研究: 浙江十村千户变迁 (1986~2002). 北京: 中国农业出版社, 2005.

[310] 孙屹, 杨俊孝, 刘凯辉. 农户农地流转的土地生产效率影响因素实证研究——以新疆天山北坡经济带玛纳斯县为例. 干旱区研究, 2014 (6), 1170-1175.

[311] 孙永苑, 杜在超, 张林, 何金财. 关系、正规与非正规信贷. 经济学 (季刊), 2016 (2), 597-626.

[312] 唐浩, 周向阳, 崔长彬. 农地流转对土地使用权分配的影响研究. 经济评论, 2011 (5), 113-118.

[313] 田传浩, 方丽. 土地调整与农地租赁市场: 基于数量和质量的双重视角. 经济研究, 2013 (2), 110-121.

[314] 田传浩, 贾生华. 农地市场对土地使用权配置影响的实证研究——基于苏、浙、鲁1083个农户的调查. 中国农村经济, 2003 (10), 24-30.

[315] 田欧南. 吉林省农村土地流转问题研究. 博士学位论文, 吉林农业大学, 2012.

[316] 童馨乐, 杜婷, 徐菲菲, 李扬. 需求视角下农户借贷行为分析——以六省农户调查数据为例. 农业经济问题, 2015 (9), 89-96.

[317] 王建英, 陈志钢, 黄祖辉, Thomas Reardon. 转型时期土地生产率与农户经营规模关系再考察. 管理世界, 2015 (9), 65-81.

[318] 汪险生, 郭忠兴. 农村人口老龄化对农村土地租入——租出的影响: 理论分析与实证检验. 江西财经大学学报, 2013 (6), 79-87.

[319] 王翌秋, 陈玉珠. 劳动力外出务工对农户种植结构的影响研究——基于江苏和河南的调查数据. 农业经济问题, 2016 (2), 41-48+111.

[320] 王子成. 劳动力外出对农户生产经营活动的影响效应研究——迁移异质性视角. 世界经济文汇, 2015 (2), 74-90.

[321] 王子成, 郭沐蓉. 劳动力外出模式对农户支出结构的影响. 中南财经政法大学学报, 2015 (1), 148-155.

[322] 威廉姆森. 资本主义经济制度: 论企业签约和市场签约. 北京: 商务印书馆, 2002.

[323] 魏众. 健康对非农就业及其工资决定的影响. 经济研究, 2004 (2) 64-74.

[324] 温忠麟, 叶宝娟. 中介效应分析: 方法和模型发展. 心理科学进展,

2014 (5), 731-745.

[325] 温忠麟, 张雷, 侯杰泰, 刘红云. 中介效应检验程序及其应用. 心理学报, 2004 (5), 614-620.

[326] 吴海盛. 农村老年人农业劳动参与的影响因素——基于江苏的实证研究. 农业经济问题, 2008 (5), 96-102.

[327] 吴量恺. 清代的农民永佃权及其影响. 江汉论坛, 1984 (6), 59-64+79.

[328] 夏庆利, 罗芳. 土地利用效率影响因素分析——基于湖北的调查. 农业经济问题, 2012 (5), 15-21+110.

[329] 许庆, 尹荣梁, 章辉. 规模经济、规模报酬与农业适度规模经营——基于我国粮食生产的实证研究. 经济研究, 2011 (03), 59-71+94.

[330] 许庆, 章元. 土地调整、地权稳定性与农民长期投资激励. 经济研究, 2005 (10), 59-69.

[331] 许恒周, 郭忠兴, 郭玉燕. 农民职业分化、养老保障与农村土地流转——基于南京市372份农户问卷调查的实证研究. 农业技术经济, 2011 (1), 80-85.

[332] 亚当·斯密. 国民财富的性质和原因的研究（上卷）. 北京：商务印书馆, 1972.

[333] 杨钢桥, 靳艳艳, 杨俊. 农地流转对不同类型农户农地投入行为的影响——基于江汉平原和太湖平原的实证分析. 中国土地科学, 2010 (9), 18-23+46.

[334] 杨华. 中国农村的"半工半耕"结构. 农业经济问题, 2015 (9), 19-32.

[335] 杨进, 陈志钢. 劳动力价格上涨和老龄化对农村土地租赁的影响. 中国农村经济, 2016 (5), 71-83.

[336] 杨进, 钟甫宁, 陈志刚, 彭超. 农村劳动力价格、人口结构变化对粮食种植结构的影响. 管理世界, 2016 (1), 78-87.

[337] 杨俊. 不同类型农户耕地投入行为及其效率研究. 博士学位论文, 华中农业大学, 2011.

[338] 杨俊, 李争. 家庭分工视角下农户耕地转入和耕地利用效率研究——以赣抚平原农区农户样本为例. 中国土地科学, 2015 (9), 50-57.

[339] 杨志海. 兼业经营对农户水稻生产的影响研究. 博士学位论文, 华中农业大学, 2015.

[340] 杨志海, 麦尔旦·吐尔孙, 王雅鹏. 健康冲击对农村中老年人农业劳动供给的影响——基于CHARLS数据的实证分析. 中国农村观察, 2015 (3), 24-37.

[341] 杨志海,麦尔旦·吐尔孙,王雅鹏.劳动力转移及其分化对农业生产效率的影响.中国农业大学学报,2016(2),140-149.

[342] 姚洋.土地、制度和农业发展.北京:北京大学出版社,2004.

[343] 姚洋.非农就业结构与土地租赁市场的发育.中国农村观察,1999(2),18-23+19.

[344] 叶静怡,武玲蔚.社会资本与进城务工人员工资水平——资源测量与因果识别.经济学(季刊),2014(4),1303-1322.

[345] 游和远,吴次芳,鲍海君.农地流转、非农就业与农地转出户福利——来自黔浙鲁农户的证据.农业经济问题,2013(3),16-25.

[346] 尤小文.农户:一个概念的探讨.中国农村观察,1999(5),19-53.

[347] 余凤.重庆农村劳动力转移对农业生产的影响研究.硕士学位论文,四川农业大学,2013.

[348] 俞海,黄季焜,Scott Rozelle,Loren Brandt,张林秀.地权稳定性、土地流转与农地资源持续利用.经济研究,2003(9),82-91.

[349] 袁明宝.小农理性及其变迁.博士学位论文,中国农业大学,2014.

[350] 原新,刘厚莲.改革开放以来中国农业劳动力变迁研究——基于人口普查数据的分析.中国农业大学学报(社会科学版),2015(4),76-83.

[351] 叶剑平,丰雷,蒋妍,罗伊·普罗斯特曼,朱可亮.2008年中国农村土地使用权调查研究——17省份调查结果及政策建议.管理世界,2010(1),64-73.

[352] 叶剑平,蒋妍,丰雷.中国农村土地流转市场的调查研究——基于2005年17省调查的分析和建议.中国农村观察,2006(4),48-55.

[353] 詹姆斯·斯科特.程立显等译.农民的道义经济学:东南亚的反叛与生存.南京:译林出版社,2001.

[354] 张璟,程郁,郑风田.市场化进程中农户兼业对其土地转出选择的影响研究.中国软科学,2016(3),1-12.

[355] 张会萍,胡小云,惠怀伟.土地流转背景下老年人生计问题研究——基于宁夏银北地区的农户调查.农业技术经济,2016(3),56-67.

[356] 张锦华,刘进,许庆.新型农村合作医疗制度、土地流转与农地滞留.管理世界,2016(1),99-109.

[357] 张兰,冯淑怡,陆华良,曲福田.农地规模经营影响因素的实证研究——基于江苏省村庄调查数据.中国土地科学,2015(11),32-39+62.

[358] 张庆昉.农户结构和行为对借贷倾向的影响研究——基于湖南2000户农户的问卷调查.财经理论与实践,2010(3),24-29.

[359] 章元,陆铭.社会网络是否有助于提高农民工的工资水平?管理世界,2009(3),45-54.

[360] 张忠明,钱文荣. 不同兼业程度下的农户土地流转意愿研究——基于浙江的调查与实证. 农业经济问题, 2014 (3), 19-24.

[361] 张宗毅,杜志雄. 土地流转一定会导致"非粮化"吗?——基于全国1740个种植业家庭农场监测数据的实证分析. 经济学动态, 2015 (9), 63-69.

[362] 赵光,李放. 非农就业、社会保障与农户土地转出——基于30镇49村476个农民的实证分析. 中国人口·资源与环境, 2012, 22 (10): 102-110.

[363] 赵文,程杰. 农业生产方式转变与农户经济激励效应. 中国农村经济, 2014 (2), 4-19.

[364] 郑建君. 政治沟通在政治认同与国家稳定关系中的作用——基于6159名中国被试的中介效应分析. 政治学研究, 2015 (1), 86-103.

[365] 郑黎义. 劳动力外出务工对农户农业生产的影响. 博士学位论文, 浙江大学, 2011.

[366] 钟甫宁,纪月清. 土地产权、非农就业机会与农户农业生产投资. 经济研究, 2009 (12), 43-51.

[367] 钟甫宁,陆五一,徐志刚. 农村劳动力外出务工不利于粮食生产吗?——对农户要素替代与种植结构调整行为及约束条件的解析. 中国农村经济, 2016 (7), 36-47.

[368] 钟甫宁,王兴稳. 现阶段农地流转市场能减轻土地细碎化程度吗?——来自江苏兴化和黑龙江宾县的初步证据. 农业经济问题, 2010 (1), 23-32.

[369] 钟太洋,黄贤金. 非农就业对农户种植多样性的影响:以江苏省泰兴市和宿豫区为例. 自然资源学报, 2012 (2), 187-195.

[370] 钟涨宝,寇永丽,韦宏耀. 劳动力配置与保障替代:兼业农户的农地转出意愿研究. 南京农业大学学报 (社会科学版), 2016 (2), 84-155.

[371] 周春芳. 经济发达地区农村劳动力非农劳动供给的性别差异分析. 农业经济问题, 2012 (3), 43-49.

[372] 周宏,王全忠,张倩. 农村劳动力老龄化与水稻生产效率缺失——基于社会化服务的视角. 中国人口科学, 2014 (3), 53-65+127.

[373] 朱建军,胡继连. 农地流转的地权配置效应研究——基于CHARLS数据. 农业技术经济, 2015 (7), 36-45.

[374] 朱建军,郭霞,常向阳. 农地流转对土地生产率影响的对比分析. 农业技术经济, 2011 (4), 78-84.

[375] 朱民,尉安宁,刘守英. 家庭责任制下的土地制度和土地投资. 经济研究, 1997 (10), 62-69.

[376] 朱喜,史清华,李锐. 转型时期农户的经营投资行为——以长三角15村跟踪观察农户为例. 经济学 (季刊), 2010 (2), 713-773.

后　记

　　时间定格在 2017 年，这只是一个普通的公元纪年。但是这一年，对我而言，十分特殊，因为，今年我终于毕业了。从 1995 年我上小学开始算起，意味着我读了整整 22 年书。我经历了小学的懵懂、初中的辉煌、高中的压抑、大学的散漫、读研时的摸索和坚持。是的，一路上磕磕碰碰地走来，我终于慢慢地懂得了自己想要做什么，好不容易找到了自己的方向。

　　我就要毕业了，感慨万千，要感谢的人实在太多了。感谢那些曾经给过我鼓励、帮助的亲人、师长、同学和朋友们，是你们让我的人生充满了阳光和意义。但我必须告诉每一个人，我最想要感谢的是我的母亲许友兰女士，这个生育我、抚养我、培育我的一个普通女性。如果没有她，我无法想象我的人生会是怎样。熟悉我的人都知道，我没有写过关于妈妈的文章，这主要是因为我觉得"母亲"这个话题过于沉重，以至于我不知道从哪说起。

　　我的家庭条件比较差，只依靠几亩田地来讨生活。为了养育我和三个姐姐，我的父母显然很不容易。尤其是我的妈妈，为了这个家庭，牺牲了太多，她的辛劳、她的付出，她对子女的关爱，她所遭遇的苦难，并不是我在这里所能穷尽的。自从我记事时起，她就像一直旋转的陀螺，没有休息，不知疲倦地忙里忙外。家里大大小小的事情都是她在张罗，我不会忘记夏日火辣辣的太阳下她佝偻的身躯；我不会忘记刺骨冷水中她那开裂的手掌；我不会忘记鸡鸣时她就匆匆出门插秧的场景；我不会忘记昏暗的一盏油灯下她纳鞋底的背影。她柔弱的肩膀，撑起了我们的家，撑起了我们姊妹四人的希望。都说天下最伟大的人，就是母亲！是的，作为儿女，我们获得的最无私的爱，就是妈妈的爱。我的妈妈，为了我们姊妹四个，受过太多委屈、太多苦难，即使是今天，我一回想起这些，都是热泪盈眶。

　　还得感谢我的三个姐姐，如果不是她们，我可能无法读这么多年书。由于家里条件很差，供不起那么多孩子读书。姐姐们为了我，只能都早早地辍学，大姐在读完小学五年级就不得不外出打工，那年她才 15 岁。当她自己还是一个孩子时，就得承担起养家的责任。二姐在读完小学三年级后，在家做了两年学徒，也跟着大姐一起外出打工了。三姐读到初中二年级的时候，也加入了打工行列。由于没有文化，她们只能做裁缝，收入也不高。为了能够多带回一点钱，她们曾经一个多月每天只吃一样菜：大白菜。作为家里的老小，我没有太多受苦的经历，不知道挣钱是多么的艰辛。直到读研时候，我开始靠自己来挣生活费，才体会到她们的不容易。这么多年了，姐姐们由于长期加班，工作负荷大，加上营养跟不上，她们都有一些慢性职业病，这让我很心疼。都说长姐如母，我的姐姐们都对我很好，在此，要谢谢大姐钱华琴、二姐钱小白、三姐钱爱娟，是你们牺牲了自己的青春，给我创造了一个美好的未来。

  人生弹指一挥间，那个一直陪伴你，和你一起看花开花落、云起云散的人，就是你的爱人。在这里，我另一个需要郑重感谢的，是我生命中另一个重要的女人，我的妻子章晶晶女士。

  在读博的三年多里，学业压力和毕业的高要求，让我很有紧迫感。但她一直安慰我，让我安心学习，不要过于急躁。由于分隔两地，我真正陪伴妻子的时间是很有限的。虽然她也会偶生怨言，但是为了我的学习，她一直默默承受着。很多节日，我都无法陪她一起过，她都能够谅解我，这让我十分感动。在我遇到困难的时候，她还会开导我，她的一句话"办法总比困难多"，对我影响非常很大。以前，我总是去拖、去逃避，但是她让我知道面对才是最好的方法。毕业前一年，我终于达到毕业要求，最高兴的就是她了。今天，我即将获得博士学位。这是我人生中第三个学位，同时也是最有份量的一个学位。套用一句话"我的军功章，也有你的一半"，送给我美丽、善良的妻子。

  我还得感谢我的岳父章礼来先生和岳母饶五香女士。岳父母通情达理，待人热情真诚。虽然我的家境比较差，但是他们并没有因此而嫌弃。在我和晶晶相恋的日子里，他们给予了最大程度的包容。我继续攻读博士学位，他们也予以支持。由于没有工作，在很多传统节日我没有给他们买过礼品，他们也没有计较。相反，他们付出了很多，在物质上和精神上都给予我最大的支持。我很庆幸能够遇到这样的岳父母，每一次回到妻子家，我都觉得很放松，就像在自己家一样。轻松的家庭气氛，亲人之间坦诚，我很喜欢。

  除了家人，我最需要感谢的就是我的恩师洪名勇教授。时间倒转至2010年，我带着不甘，也带着希望，来到贵州大学，这所在西部落后地区的211高校。在这里，我很庆幸能够遇到洪老师，如果没有洪老师的接纳、指导和帮助，我今天走的路可能就很不一样。作为著名的农经学者，洪老师知识渊博，风趣幽默，对学生们也十分和蔼。从我入门时算起，至今6年了，在洪老师的指导下，我才慢慢走入学术的轨道，也渐渐取得了一些小小的成绩。我依然记得我第一次参与写课题和写报告、第一次参与调研和带队调研、第一次尝试写文章和发表论文、第一次公开授课，这些都离不开洪老师的悉心指点。洪老师就像父亲一样，教会了我很多，让我受益匪浅。作为洪老师指导毕业的第一个博士生，我很荣幸遇到这样的好老师，也将会以恩师为榜样，努力提升自己！

另一位需要郑重感谢的恩师是钱文荣教授。初次相识钱老师，是在贵大读研期间，那时候洪老师让我负责接待。钱老师头发花白，但是脸庞很清秀，行为很儒雅，很有大家风范，这给我留下了很深的印象。在来浙大读博后，由于洪老师长期以来不在浙大这边，作为合作导师，钱老师实际上承担了大部分指导工作。我依然记得，第一次参加师门讨论例会时，钱老师给予的指导。我依然记得钱老师百忙之中帮我修改一篇不算好的论文，让我受益良多。我依然记得他的充分信任，让我带领师门几位同学一起完成一项国家自然科学课题。我也记得邻近毕业时，钱老师热心地帮我推荐了一个又一个工作。感谢钱老师，如果不是您，我的读博生涯可能会绕很大一圈弯路。

还需要感谢很多人，这里就不再一一列出，希望在以后的日子里，我们每一个都能够收获更多，能更加幸福、快乐。

本书是基于笔者的博士论文修改完成，要特别感谢全国文化名家暨"四个一批"人才项目"产权制度、农地流转与农民收益权益保护的路径研究"、贵州大学文科学术创新团队项目：农地"三权分置"与实现路径、南京财经大学人才引进项目、南京财经大学青年学者支持计划和清华农村研究博士论文奖学金项目的大力资助。同时也要感谢北京大学中国社会调查中心（ISSS）提供的CFPS数据支持。

谨以此书献给我挚爱的母亲和我亲爱的妻子！

作者
2017年4月